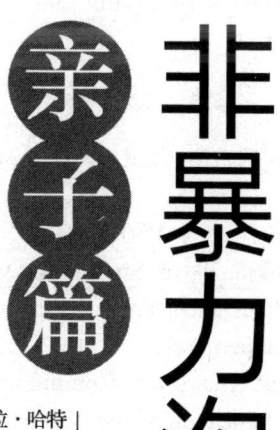

非暴力沟通
亲子篇

［美］苏拉·哈特　著
（Sura Hart）
［美］维多利亚·霍德森
（Victoria Kindle Hodson）

李红燕　译
苏　娅　审校

华夏出版社
HUAXIA PUBLISHING HOUSE

图书在版编目（CIP）数据

非暴力沟通亲子篇 /（美）苏拉·哈特（Sura Hart），（美）维多利亚·霍德森（Victoria Kindle Hodson）著；李红燕译 . — 北京：华夏出版社，2019.6（2025.1重印）

（非暴力沟通系列）

书名原文：Respectful Parents, Respectful Kids

ISBN 978-7-5080-9658-2

Ⅰ. ①非… Ⅱ. ①苏… ②维… ③李… Ⅲ. ①家庭教育 Ⅳ. ① G78

中国版本图书馆 CIP 数据核字（2019）第 009496 号

Translated from the book Respectful Parents, Respectful Kids, ISBN 13/10:9781892005229/1892005220, by Sura Hart & Victoria Kindle Hodson. Copyright © Fall 2006 PuddleDancer Press, published by PuddleDancer Press, All rights reserved. Used with permission.
For futher information about Nonviolent Communication(™) please visit the Center for Nonviolent Communication on the Web at:www.cnvc.org.
版权所有，翻印必究。
北京市版权局著作权合同登记号：图字 01-2012-7334 号

非暴力沟通亲子篇

作　　者	［美］苏拉·哈特　［美］维多利亚·霍德森
译　　者	李红燕
责任编辑	王凤梅
责任印制	刘　洋

出版发行	华夏出版社有限公司
经　　销	新华书店
印　　刷	三河市少明印务有限公司
装　　订	三河市少明印务有限公司
版　　次	2019 年 6 月北京第 1 版　2025 年 1 月北京第 8 次印刷
开　　本	710×1000　1/16
印　　张	15.75
字　　数	140 千字
定　　价	45.00 元

华夏出版社有限公司　地址：北京市东直门外香河园北里 4 号　邮编：100028
网址：www.hxph.com.cn　电话：（010）64663331（转）
若发现本版图书有印装质量问题，请与我社营销中心联系调换。

谨以此书献给我的孩子们——他们向我们展示了如何带着诚实、好奇、脆弱、勇气、真诚和活力去生活。

特别献给布莱恩、凯拉和玛丽艾卡。

目 录
contents

序…1
前言…1
简介…1

Section I
尊重和合作的基础

第一章　尊重和合作：家长渴望什么以及如何获得？…3
第二章　自我尊重：家长也有需要…16
第三章　是什么让合作难以为继？…27

Section II
开启合作的七把钥匙

第一把钥匙　做目标明确的家长…39
第二把钥匙　看到行为背后的需要…55

第三把钥匙　建立安全感、信任感和归属感…69

第四把钥匙　激励给予…82

第五把钥匙　使用尊重的语言…91

第六把钥匙　在成长中学习…112

第七把钥匙　让你的家成为"无错区"（No-Fault Zone）…122

Section Ⅲ
家庭活动以及来自"无错区"的故事分享

主题：长颈鹿文化与豺狗文化…135

主题　家庭会议…140

主题：丰盈生命之体验…156

主题：平和地化解冲突…181

主题：长颈鹿与豺狗游戏…189

来自"无错区"的故事分享…213

关于作者…232

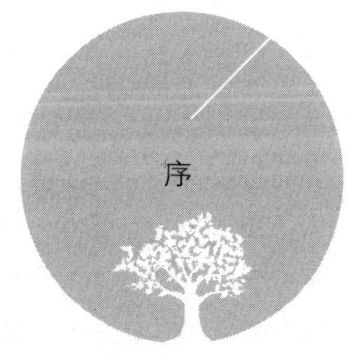

序

我自己养儿育女的日子已经过去多年了。但是，在我的工作坊里，每天都有来自世界各地的家长向我表达养育孩子的困扰和挑战。这些挑战对于我来说，都是再熟悉不过的了。然而，现代生活的忙碌和来自外部世界的各种影响，似乎比以往任何时候更加令人不安。每天都有成千上万条充满各种暴力和难以置信的信息包围着我们的孩子。此外，巨大的外部压力也裹挟着我们，让我们用所拥有的而不是所看重的来界定自己。困惑的家长们迫切地渴望得到帮助和支持。现在，就到了我们给出答案的时候了。

《非暴力沟通亲子篇》出现在这个最关键的时刻，为家长们提供了最令人信服的答案。也许，家庭的重要性对于我们社会的未来和这个星球的福祉从来没有像今天这么凸显。运用这本书中所提供的工具，家长们可以为他们的家庭生活、人际沟通乃至更大的范围带来更加积极而有效的改变。我非常赞同两位作者所说的，"家长的所作所为不仅仅对自己的孩子产生影响，也对孩子未来生命中的上百人甚至上千人的生活产生影响。你无法选择是否去影响这张彼此相依的生命之网，却可以选择如何去影响它"。

本书作者苏拉和维多利亚超越了"快速修复教养法"和严加

管束之类的技巧，为显著改善亲子关系的质量提供了基本的沟通技能。借助这本书，家长们可以熟练地转化习惯性沟通模式，而那些习惯性的沟通模式有悖于他们养育孩子的初衷，无法真正支持孩子们的成长。通过练习这些基本技能，家长们能够为孩子们创建一个有安全感和充满支持的环境，让孩子们成长为最好的自己。

我们都是带着天生的联结感来到这个世界上的，需要群体，也需要支持；我们也有着与生俱来的同情心。然而，当我们的需要无法得到尊重的时候，无论是在家里、学校还是在公司，这些天性就会黯然失色。我们会转用高压的手段，比如命令、惩罚和其他一些暴力的方式，来满足我们的需要。更糟糕的是，我们甚至会完全忘记自己的基本需要。

《非暴力沟通亲子篇》提供了一个全新的方式去理解和回应孩子们的行为。学习使用书中提供的这些工具，将帮助你跟孩子之间建立充分的信任。一个生活在充满信任感的家庭里的孩子，他的需要会被充分地尊重，他的人生也将有可能更加健康和丰硕。这种信任感是强大自信的起点，也是与孩子们建立家长们所渴望的相互尊重和真心联结的基础。

在这本非常重要的书籍里，你能够学习到非常实用的工具和技能，帮助孩子们面对这个世界。无论孩子们将来从事什么职业，你都可以把他们培养成为有教养的、关注与他人联结的人。通过营造充满尊重和信任的家园，你将激励孩子们探索他们的潜能，使得他们能够为自己未来的家庭、社区和我们这个星球做出毕生的贡献。

行动起来而不仅仅是阅读这本书。践行其中的理念，跟你的配偶、朋友和你的孩子们分享它们。一个家长、一个家庭每实践一次，我们就能够将这个世界变成一个所有的需要都能够被满足的和平美好的世界。

——马歇尔·卢森堡博士

马歇尔·卢森堡博士：非暴力沟通中心的创始人和负责人，著有《非暴力沟通》《用非暴力沟通化解冲突》和《用同情心养育孩子》。

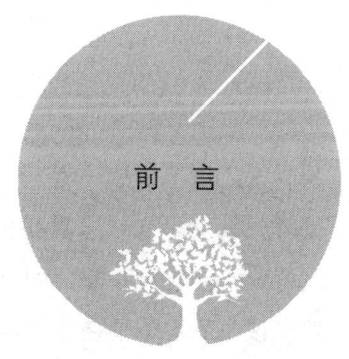

前言

2003年,我们出版了《教室里的非暴力沟通》。在那本书里,我们的目标是跟教师们分享一种"无错沟通模式",也就是马歇尔博士提出的"非暴力沟通",或简称 NVC(Nonviolent Communication)。之所以写那本书,是因为作为班主任老师,我们想找到一些有效的方法,帮助学生们建立一种充满合作的学习氛围,我们知道这是可以做到的,因此,那时候特别希望能够找到这样一本书,从中获取一些方法。自从《教室里的非暴力沟通》出版之后,我们收到了来自世界各地老师们的反馈,他们说,这本书确实帮助他们建立了互相帮助的学习环境,这让我们很高兴。

现在,我们又一次合写了这本跟 NVC 有关的书籍,这一次,我们的目标是面向家长。我们养育子女的时间比教授知识技能的时间长,书中所探讨的话题深深地触动了我们的心弦,也搅动了我们为人父母以来的记忆。虽然这本书中所探讨的亲子教育的核心议题跟 20 世纪 70 年代差不多,我们的孩子那时都还很小,但是我们发现,过去的 25 年里我们的文化发生了很多变化,而这些变化使得如今的养儿育女比从前更加复杂,也更加富有挑战。

回想当年初为人母的时候,我们能够有几年的时间待在家里全心全意地陪伴孩子,感觉非常幸运。20 世纪的六七十年代,一个人的收入还是可以让一家人保持中等生活水平的。那时候，没有人觉得养儿育女是一个"真正的工作"，但是大家都能接受中产阶级家庭的妈妈们全职在家照顾孩子。如今，有些工业化国家仍然允许妈妈在孩子三岁以前在家陪伴孩子，但是美国不行，不仅政府的政策不支持，现实生活也让你无法做出这样的选择，因为只有双职工的父母才能保证一般中等家庭的生活开销。

伴随着经济方面的压力，如今的家庭生活还面临着快节奏的生活压力以及由于互联网、电子邮件、即时通信和移动手机等新科技带来的信息爆炸的冲击。我们已经能够比从前做得更多更快，可还是要疯了似的并行处理很多事情，期待能够做得再多一些，得到再多一些。科技本来是要帮助我们从繁重的工作中解脱出来，让我们有更多的时间陪伴家人、享受业余爱好和各种娱乐消遣。然而，我们自己却创造了新的生活标准，并在各个方面设定了更高的期望：创建超级公司，做超级雇员和超级爸爸妈妈，培养超级小孩。人们的情绪反应比从前快了很多，即使一点小小的差错、延误或不顺畅都会让我们失控。情绪困扰加重了心理负担，耗尽了我们的能量，让我们心力交瘁，烦躁不安。

面对上述的这些"坏消息"，这本书为读者带来了一些好消息。我们将在这里介绍一种被实践证实了的育儿新法，那就是充满尊重的人与人之间的沟通方法。如果家庭成员能够学习使用这样的沟通方法，去满足每个家庭成员的需要，就能化冲突为合作。这本书的初衷就是希望能够支持你成为你所期望的家长，让你的育儿实践充分体现你心灵深处的价值观，让你的孩子成长为你最希望他们成为的那个样子。

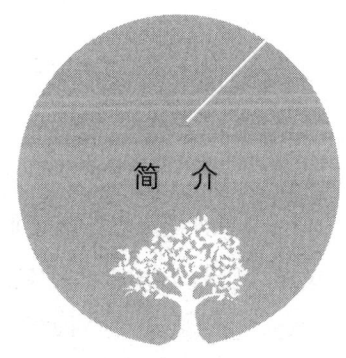

简 介

　　这本书以它坚定的信念告诉我们，养儿育女是人类在这个世界上所要承担的最重要、最有回报也是最为苛求的一个任务。关于如何在家长和孩子之间创建尊重和合作，本书给出了"七把钥匙"。这"七把钥匙"可以开启和激发为人父母所需要的那些特定的能力，这些能力包括明确养儿育女的目标，看到激发行为背后的需要，主动选择并践行那些能够满足他人意愿的做法。

　　我们依然能够生动地记起自己曾经的育儿经历：二十几岁时初为人母；三十几岁时送孩子上小学；四十几岁时面对进入高中的孩子。在那些日子里，我们是多么希望在养育孩子的过程中能够得到理解和支持啊。但是，当时社会上流行的教子之道跟我们所亲历的一切完全不同。我们明明看到孩子们身上与生俱来的正直和完整，想要跟这些品质共舞，赞赏它们，并从中得到学习。我们也能看到跟孩子一起成长、一起学习，并通过彼此间互动深入了解这个世界的可能性。然而，在20世纪七八十年代，大多数对父母的指导都没有放在减少家庭冲突和享受跟孩子们在一起的时光上，相反，大力推崇的是通过管教孩子的行为来管理冲突。

　　行为管理下的育儿方法实际上一直沿用至今。每年依然有几百本的育儿图书和众多文章在教导家长如何利用负疚、羞辱、赞美以及惩罚和奖励来训练孩子们做他们想让孩子去做的事。最近的几十年里，管教的方法已经柔和了许多。有一些目前依然常用的词语，比如"自然后果"、"计时隔离"、"正向激励"，听起来似乎比较友善，但其终极目标还是一样——控制孩子的行为。

大多数的家长都尝试过至少其中的几种管教方法，其结果都不尽如人意。虽然这些小窍门和方法确实在一段时间内让孩子们在行为上稍有改变，也减少了一些冲突，但所得到的改善往往只是一时的，付出的代价却是巨大的。家长们越是试图用各种条规约束、后果威胁或者奖赏刺激来管理孩子们的行为，其争斗就越激烈，叫喊就越疯狂，摔门声就越震耳，眼神就越冷漠，眼泪就越不止。很多家长告诉我说，行为管理法真的很难去执行，因为这些方法违背了他们为人父母的本性和初衷，他们渴望跟孩子们建立友善的和衷心的联结。

身教胜于言传

《非暴力沟通亲子篇》为你提供了一个全新的方法。令人欣喜的是，你不需要琢磨如何改变孩子们的行为，也不需要为了减少冲突来控制什么。我们所提倡的养育之道，从很多方面来说，都是更为简单也更加回归本性的。它能够更加有效地满足家长和孩子们的需要，不仅能在短时间内看到效果，更符合长远的养育目标。它所倡导的一切都是建立在你跟孩子们一起缔结的深厚联结的美好感受之上的。唯一要改变的就是你自己的行为。它的美妙之处在于，当你改变了自己的行为后，孩子们的行为就会随之改变。

人们通常认为，家长的职责就是灌输和强化文化价值。惯常的做法不外乎是讲道理、给建议、下命令和纠正行为。不幸的是，这种居高临下的家长姿态造就了挫败的家长、恼怒的孩子以及无处不在的冲突。在你努力向孩子灌输文化价值的同时，孩子们自己也在努力地发展他们的自我引导和自我尊重。很多时候，他们都对你的劝导装聋作哑，他们尽量缄口只是为了避免引起你的另外一场说教，或者是不想再听到你为他们下的那些结论，那又会提醒他们有多么令大人们失望而已。

作为家长，你当然要去影响你的孩子，要将你的价值观传递给他们，引导他们走向快乐和成功的人生之路。问题是，你该如何最有效地影响你的孩子？是通过说教和吩咐他们做事，还是通过分享你的价值观和活出这些价值观？

每个人都知道，身教胜于言传！事实上，研究表明，只有5%的人生学习来自"教诲"，而我们所能记住的95%均来自与家庭和社会的互动。你可能已经知道，从某种程度上来说，孩子从你的行为上学到的远远多过你的教诲。比如，你也许在兄弟姐妹跟别人对话时听到过你自己的声音，也听到过孩子们用你对付他们的台词反过来跟你讲理。

静下来想一想，你到底从父母那里学到了什么。你的大多数（或者哪怕是一半）习得是通过倾听他们的教诲得到的，还是看他们怎么做、怎么生活得到的？很多家长告诉我们，他们从跟父母相处的一些痛苦经历中学到了很多，他们再也不想让自己的孩子有那样的经历了。无论父辈们的榜样是积极的还是消极的，他们的行为无疑是你今天养儿育女以及选择生活状态的主要原动力。

孩子们需要家长真实地生活在他们所承诺的价值观里。为人父母是一个成为孩子们榜样的机会，向孩子们展示他们到底想让自己的孩子学习什么以及怎样生活，这是一个来自生命的邀请和难得的机会。对大多数人来说，为人父母是一个强有力的激励，激励他们看清自己的人生目的和意义，用生命去努力践行这一切。

真诚地活着，明确什么是对自己最重要和最真实的，这就是目标，不必追求完美，放弃做完美父母的想法应该是一个巨大的释怀。当你摒弃这一想法，不再做那些跟你的价值观相违背的事情时，你就不再陷入自责，就会享受真实的跟孩子们在一起的时光，让他们看到和感受到真实生活的样貌。放下了对自己的完美期待，也就较少对自己的孩子抱有完美期待了。

增强你的能力，营造爱的家园

家，是孩子们学习人类生活基本常识的地方，他们在这里学习如何照顾自己的需要，如何留意到他人的需要并给予帮助。对于孩子们来说，家是他们的根基，教会他们如何在未来生活中处理各种关系，扮演各种角色，比如如何成为配偶、生活伙伴、母亲、父亲、阿姨、叔叔、祖父、祖母、好朋友、社区成员、工作中的同事甚至是空乘人员。家，还是孩子们的庇护所，保护着他们，在你的支持、引导和尊重下，孩子们依照自己的节奏成长，学会关爱和给予。

一个充满爱的家，是一个没有恐惧的地方。恐惧是一切冲突的根源。在充满爱的家里，孩子们从不怀疑自己的需要的重要性，他们相信家中每个人的需要（包括他们自己的）都会被重视并被关照到。他们能够尽情地投入到生活的召唤中，在那个因相互给予和接纳而结成的家庭、社区、国家乃至大千世界中，找到自己的位置。

《非暴力沟通亲子篇》是一本关于亲子关系的书籍。书中关于加强尊重和合作的流程及建议，不仅适用于所有年龄段的孩子，还可以有效地改善家庭中成年人之间的沟通。书中三个部分的每一部分都能够帮助家长增强他们的能力，营造一个充满尊重和爱的温暖之家。

Section I
尊重和合作的基础

Section I 内容简介

家长们最渴望的就是尊重和合作。这一部分的三个章节主要阐述了带动这两者的潜在动力。

第一章 尊重和合作：家长渴望什么以及如何获得？

这一章明确了合作的双向性，并指出制控式养育与赋权式养育之间的区别。

第二章 自我尊重：家长也有需要

这一章强调了作为家长，关照自己不可否认的需要是多么的重要。

第三章 是什么让合作难以为继？

这一章描述了那些破坏合作的思考和表达习惯。

> 哪怕有一代人是在尊重和无暴力的环境中长大，那这个世界将会怎样呢？——葛萝莉亚·史丹能

Section I
尊重和合作的基础

Chapter 1

尊重和合作：家长渴望什么以及如何获得？

在关于"你最想从孩子那里得到什么"的家长问卷调查中，"尊重和合作"是排名最高的两项。也许，你自己就有过这样的体会，在无数次争吵的过程中，有一个声音会时不时地自己冒出来："我实在需要从孩子那里得到更多的尊重和合作啊！"也许，你就是无数困惑的家长中的一员，不明白到底是什么阻碍了你从孩子那里获得你想要的尊重和合作。你所做的一切毕竟都是为了孩子们，得到他们的尊重和合作难道不是天经地义的吗？是，也不是。尊重和合作确实简单，因为它们是你的基本需要。然而，若想真正创造那些能够得到尊重和合作的条件，也许需要比你想象的更多的用心。

我们发现，如果你愿意做到下面这几条，就可以营造和享受相互尊重和合作的氛围：

1. 永远记住，身教胜于言传。
2. 跟孩子们合作。
3. 同等珍视你和孩子的需要。
4. 检视你对孩子们的诸多判定假设。
5. 实践"七把钥匙"，培养"七把钥匙"的能力，它们是尊重养育的核心。

虽然那些身为父母的人一直都在谈论尊重和合作，但我们发现，围绕着这些词语实际上有很多的困扰。如果你问他们想要的"尊重和合作"到底是什么，家长们通常也都说不清楚，他们甚至会觉得自己的意思每次都不太一样。更要命的是，家长们试图得到尊重和合作的方式还常常会招致孩子们的反抗，因为他们自己既没有向孩子展示出尊重，也没有表现出合作，或者说，至少没有使用这本书所表达的尊重和合作的方式。

··合作必须是双向的··

很多家长并没有把合作看成是跟孩子之间双向的互动，而只是单向地行使权力，即要求孩子去做他们想让他去做的事。当孩子不能满足他们的期望时，就认定他是"不合作的"。一旦这种"不合作"的情形发生，就会立刻导致责骂、批评、指责、争论和战斗。事后的补救不外乎是妥协、协商和讨价还价，而这样的一些做法其实很少能够真正满足任何人的需要。

Section I 尊重和合作的基础

▎**自我探索** ▎

合作，对你意味着什么呢？

你是否对孩子这样说过话？"你的房间太乱了，你必须在玩游戏之前把房间先打扫干净！"然后，你很奇怪，你的孩子为什么不立刻乐颠颠地去做你让他做的事儿！你单方面做了决定，期待孩子在给定的时间里按照你的标准完成这一切，仅仅因为"我是家长"！这样的态度显然没有顾及孩子的感受。当你忽略了孩子的想法、感受、需要以及其他可能存在的打扫房间的方案时，你就有可能失去孩子的尊重和好感。孩子嘟嘟囔囔地抗拒，其实就是对你单边决定的一个自然反应，因为你的决定没有征得他的意见。

"合作"的"合"意味着"在一起"，就像合作伙伴、合著作者和共事的同事。合作的"作"是做事的意思，"合作"意即"一起工作"。真正的合作是没有任何强制意味的。一个家庭的运作如果没有"在一起"，也就是没有和孩子们一起制定那些跟他们有关的规则，一起为解决问题寻找方案，以及一起做决定的过程，你就肯定要面临下面这些可能出现的后果：抗拒、争吵、伤害感情、意志较量和奖惩依赖。人与人关系中一个最基本的法则是：在一个家庭的运作里，没有"合作"就一定会招致抗拒，抗拒则会导致惩罚或者奖励来胁迫服从，进而又会引发更强的抗拒，如此循环往复。在家庭运作中，不遵从合作理念的家长必将承受由此所带来的后果。如果你不跟孩子合作，他们也不会跟你合作。

> 众人的智慧必定胜过个人的智慧，关键在于如何挖掘这个智慧。——汤姆·阿特利

一个年轻的女士曾经跟我们分享过她的故事：她的父亲以前总是以很苛求的标准要求她打扫自己的房间；他甚至会掀起地毯的边角查看是否打扫干净了，要是发现一点点没有清理干净的渣屑就会惩罚她。父亲越是坚持自己的标准，她的内心就越是充满敌意和抗拒。虽然打扫了房间，但她却不是心甘情愿地为了家里的舒适去完成的，她所做的一切完全是源于对父亲的恐惧和害怕可能带来的惩罚。

试想一下，如果她的父亲能够跟她一起就整洁的标准达成共识，在衡量房间是否够干净时征得她的看法，情形会是什么样的呢？

▎自我探索▎

你有没有可能在家庭运作中丢弃了"合作"的"合"呢？

如果丢弃了"合"，你的行为会引发什么样的后果呢？

至少写出一件事，看看怎样把"合作"带进你的家庭。

··合作是一种生存技能··

对于家长来说，合作是一个目标，他们当然希望能得到更多、更经常的合作。然而，合作也是一个有待培养的技能。为了能够保持自身的繁衍和强大，这个星球上的每一种生物都需要学习这个技能。在这个联结日益增强的全球化的社会里，人类要想生存和壮大，就越来越离不开深度和密切的合作。

Section I
尊重和合作的基础

　　人类社会一直以这种残酷竞争的模式运作了几万年，人们一直在试图运用权力掌控部落、族群，或者获取个人优势。权力的不平衡和对亿万众生基本需要的漠视、对非人类物种乃至地球本身的漠视，造成了持续的冲突、战争和灾难。已经有很多经济的、社会的和生态的指征都在告诉我们，这种残酷竞争型的运作模式是难以维持的，我们需要一种全新的合作模式或者是权力分享的方式。作为家长，如果能够学会在家庭生活中培育合作精神，就可以成为孩子们、其他家长们以及所在社区成员的楷模，也能够在创建世界和平和全球可持续发展的变革中成为积极的参与者。

··合作——可持续发展所需要的技能··

　　按照进化生物学家伊丽莎白·萨赫道瑞斯（Elisabet Sahtouris）的理论，合作是保持可持续性发展的唯一方式。一些大草原和热带雨林等成熟的生态系统，都是通过更多的合作而不是恶意竞争才进化形成的。高度复杂的热带雨林的生态环境就是一个活生生的奇特案例，它在几百万年的风风雨雨中幸存下来了，就是因为那里的生物学会了彼此合作。在热带雨林中，每一种生物都会充分发挥其应有的作用，通过资源回收的方式共同协调运作，并以每种生物的健康为原则合理地分配所有的产品和服务，这就是所谓的"可持续性发展"。

生活在家庭农场和小社区的人们并不需要被人提醒合作的必要性。建造仓谷的聚会、传统的聚餐和社区的庆祝丰收大会，几百年来都是家常便饭。然而，对于我们这些整日生活在自我封闭的小家庭的人来说，就很容易忘记这样一个事实——我们脚下的大地是彼此相连的，如果没有发生什么撼动整体的事件，只要一切运转正常，我们就会忘记这些。一个大公司在一个地区关闭了它的业务时，每个人都会感觉到其对经济、社会乃至个人层面的影响。2004年，加利福尼亚拉肯奇塔的一个小城发生了山体滑坡，好几户人家被埋在山石下，住在附近城镇的我们立刻感受到了冲击，大家一起行动起来，将那些失去家园和亲人的家庭聚集在一起。一年以后，丽塔和卡特里娜飓风带来的洪水在新奥尔良和美国南部的其他一些城市夺走了几千人的生命，让整个国家都深刻地感受到了血浓于水的痛，激发起人们对个人、社会、经济和环境的共同关注。

当日复一日的生活节律突然被天灾人祸打乱的时候，也就是到了生死攸关的时刻，我们生命最深处的某个东西就被触碰了。它让我们意识到，我们是同一个大地承载着的同一个物种和同一个群体。当我们醒悟到这种相互依存的关系，意识到我们每个人都是这个巨大的生命网络中的一部分，我们的个人福祉与所有其他人的福祉密切相连时，我们就懂得了，为什么合作是一种有待培养的技能，它不仅仅是为了小家庭的和谐，也是为了人类大家庭的繁衍和生存。

家庭是我们彼此相依的生命网络的核心，对家庭关系的冲击会通过你的子孙一直影响到未来几代人。家长们的所作所为不仅仅对自己的孩子产生影响，也对你孩子未来生命中的上百人甚至上千

唯有清空灵魂，放下我知，才能看见眼前这个生命的真实存在，如其所是。——西蒙娜·韦伊

人的生活产生影响。你无法选择是否去影响这张彼此相依的生命之网，却可以选择如何去影响它。

·· 合作，是跟你的孩子一起协作 ··

想一想你跟孩子们一起互动的每一个时刻，你是在运用权力掌控你的孩子，还是在跟你的孩子一起协作？也许，你非常熟悉这两种互动模式，而其中的一种可能就在你的家庭生活中占据着主导地位。那是哪一种呢？

控制型育儿方式（Power-Over Parenting）

控制型育儿方式的典型表达：

我要你马上去做，如果你不去做……
不要让我说第二遍！
你只要照我说的去做好了！
不要犟嘴！
我不关心你是怎么想的！
我知道你想玩，但是你得先……
我得跟你说多少遍！

基于权力控制的育儿方式，意味着你来决定什么是对孩子最好和最正确的。你来发布指示，并强迫你的孩子去服从。以控制型育

儿为导向的家长会花费很多的时间跟孩子训话、提建议、争论、分析，他们会竭尽所能、千方百计地让他们的孩子满足他们的期待，因为那是他们心目中唯一正确的方式。在努力让孩子服从的过程中，家长们会发现，他们经常用这样一些短语来命令或提出要求，比如"你一定要"、"你必须要"、"你应该要"和"你非得要"。他们还不得不用威胁惩罚或承诺奖励一类的方法来强化他们的命令。孩子们根本没有或者几乎没有选择，也很少会被征询解决关于孩子自己的问题的意见。

赋权型育儿方式（Power-With Parenting）

赋权型育儿方式的典型表达：

咱们一起找出一个对每个人都有好处的方案吧。

我们能一起想办法，真让我高兴。

如果我们当中有一个人无法参与决定，我会觉得很沮丧。

我想听听你的意见，你觉得这个主意怎么样？

我想知道你这会儿需要什么？

你愿意……吗？

你能帮我了解你此刻的想法吗？

我想知道，你听到这个决定时，有什么想法？

赋权型育儿方式意味着家长和孩子通力合作，大家一起决定什么是对孩子最好的，共同商讨所有的行动，一家人会定期地坐下来检视他们的约定。以赋权育儿为导向的家长会利用他们宝贵的亲子时刻

主动倾听,通过倾听孩子们的感受、需要和愿望来理解他们。家长用这样的方式传递给孩子们的主要信息是:"我希望我们能够一起找到一个每个人都能接受的策略和方案。""我愿意在开始做这件事之前跟你一起探索。"妥协、谈判和讨价还价的方式,总会让某些人感到不满,因为它无法满足每个人的需要,难以从根本上解决问题。

使用赋权型育儿方式的家长不会害怕听到孩子们所说的实话。相反,他们会很愿意听到这些。因为他们明白,倾听并不意味着同意或者不同意。他们知道,倾听通常只是对话的开始。如果他们能够倾听,就将有机会分享孩子们自己的真实想法、感受以及需要。

无论你是制控型育儿还是赋权型育儿方式的家长,你的孩子都将从你的言语和行为中学习到这一切。孩子们会把从你那里学到的手段,用到跟兄弟姐妹和朋友们的互动中。他们也会把这一套搬到学校,作为跟同学们互动的基础,而且将会用这些手段为他们未来的人际关系奠定基础。

··尊重,是一种"看事情的方式"··

值得高兴的是,你和孩子们之间的诚意合作不仅是可能的,实际上也是你们相互尊重的自然结果。就像合作一样,尊重也经常被曲解和滥用。

当你说,你想要从孩子那里得到更多的尊重时,你的意思是什么呢?是想让他们更愿意听你的话,跟你学习更多的东西吗?还是

> 亲子教育是在家庭成员的互动中发生的。真诚地相处和生活在一起所带来的活力和喜悦，是灌输、说教和命令的方式所无法带来的。——约瑟夫·奇尔顿·皮尔斯

想让他们更多地从你的立场和需要来理解你？是不是希望争执能变得少一些？想让孩子认同你的观点？你希望得到孩子的赞赏和高度认同？或者，就是想让孩子们照你说的去做，而不要问为什么？或许，你的意思是指上面提到的所有？既然有这么多的角度来理解尊重，你是否想过，请求尊重和得到尊重该是多么的不容易呀。对于大多数的家长来说，尊重几乎是一个被寄予了全部希冀的词汇，它包含了很多的想法、感觉和需要。

▎自我探索 ▎

尊重对于你意味着什么呢？

尊重这个词的核心意义是去看。可是，要去看什么呢？我们建议，尊重他人就是去看他们正在经历的一切——尤其是要带着尊重去看他们当下的感受和需要。

你永远可以选择你的关注点去看孩子。你可以选择从你的视角、你的愿望和你的评判去看他们的行为，也可以选择从他们的视角，带着尊重去看他们的感觉和他们的需要。

聚焦于孩子的不良行为

当你关注孩子的问题时，你的话就会是这样的："你怎么这么不小心？我还以为你都长大了呢！""你这是怎么啦？你是个挺明白的孩子，应该为自己感到丢脸。"

当你一心盯着孩子行为中的错处时，你的话就会是这样的："你这么讲话真是太差劲了！看看你都做了些什么！你应该是懂道理的呀。"

当你的所思所想都是对孩子未来的担心时，你的话可能就会像这样："如果你一直这样下去，永远都不会成功。""像你这个样子永远都不会有朋友的。你打算什么时候开始听我的话？"

试图通过关注孩子们的问题或者孩子们行为中的瑕疵来教育孩子的家长们相信"批评使人进步"这一信条，他们认为，批评孩子、让他们感觉糟糕以及惩罚孩子，将会激励他们改变自己的行为。可是，你觉得这么做真的有用吗？

关注孩子的需要

无论孩子的行为在你看来有多么的不可理喻，从拽你的裤腿到对你大喊大叫，从打你、打兄弟姐妹到乱丢玩具，他在那个时刻所做的一切不过都是为了满足他的需要而已——那是个你也有的需要。也许，他需要的是关注、照顾，需要选择权、自主权。你可能不喜欢孩子们为了满足需要所采用的表达方式，但这也正是你跟他联结的最佳时机。如果你能够辨识出他们在那个时刻最真实的需要是什么，就可以帮助他们找到一种更好的表达方式。

在下面的这个故事里，这个爸爸很开心地发现自己能够在那个特殊的时刻关注儿子的需要，而不是简单地回应儿子的行为。

升入初中两个月后，12岁的儿子杰森的体重增加了不少。他的爸爸妈妈在家里存放了很多健康食品，但是他们也知道，杰森在学校和周末的时候一直吃很多薯片和糖果。他们不想说得太多，以免给他增加额外的负担。然而，一天晚上，杰森自己开口说话了，他生气地说："真不敢相信我这么胖！"他的爸爸后来说，他当时的第一反应是想给杰森上一课,"我告诉过你,只要能够摆脱那些垃圾食品,就可以减肥啊"。但是他忍住了,什么也没说——对此,他感到非常骄傲。紧接着,杰森自己说道:"我知道都是那些垃圾食品闹的,可是我忍不住呀!一放学我就馋得不行,走到哪里都能看到它们。"爸爸耐心地倾听着,体会着杰森的感受和需要:"听起来,你现在有点儿不知所措了,对吗?你想找到另外的方式去发泄和放松,而不是吃垃圾食品,但是你这会儿不知道该怎么做,是这样吗?"杰森的眼睛湿润了,他开始难过了:"是的,爸爸,我得做点儿什么了!"爸爸全身心地倾听,并体会着杰森的感受,他说:"听起来,你非常想改变自己的某些行为。"杰森回答道:"是的,爸爸,您有什么好主意吗?"

同大多数家长一样,当儿子主动讨教的时候,这位父亲开心得不得了,他跟儿子分享了自己的一些主张,并一一讨论了这些想法,看看怎么能够用健康的方式满足儿子的需要。

·· 合作,根植在我们的基因里 ··

合作是我们生存和成长的必需品,也是我们基因布线的一部分,这一点已经被科学家和灵性导师们指出来了。

生物学家蒂姆·罗珀(Tim Roper)和拉瑞萨·肯拉德(Larissa Conradt)曾经报道过动物群体是如何为了谋求共同发展而本能地谋求合作的。在关于"动物中的群体决

Section I
尊重和合作的基础

策"的研究中，他们推断，所有群居动物（包括人类）的自然状态是合作，而不是独裁。他们坚称，大自然已经赋予了人类这样的生物反馈系统——当我们给予他人时，系统会释放内啡肽和快乐的感觉。这些感觉会激励我们继续给予，促进物种的生存，也带来每个个体的健康或其他方方面面的福祉。

合作是人类的自然反应，因为我们都是群居性生物，我们的生存和福祉不可避免地与他人的福祉息息相关。给予他人和与他人合作的冲动本来就是我们的天性。不仅是那些高级生物，甚至很多极小的昆虫都是群体存在的一份子，无需宗教、律法或教育，凭借着与生俱来的对彼此关联的辨识，它们就能通过共同合作来求得生存。

从这些观点中引发的一个关于合作的有效定义是：合作是一种为了共同的福祉而将彼此有力地聚合到一起的方式。

> 当我们开始用开放和自我支持的方式了解自己的时候,我们就迈出了鼓励孩子自我探索的第一步。——丹尼尔·J. 西格尔

Chapter 2

自我尊重:家长也有需要

随着第一个孩子的降临,你就摇身一变成为家长,进入了养儿育女的生命阶段。以前的大家庭几代同堂,不同年龄的人可以共处一室,令年轻人有机会学到很多。而今,对于大多数的我们,第一个孩子的到来却是我们生命中第一次跟新生儿在一起的全新体验,更不要说是没日没夜地照顾这个小生命了。这让我们迅速醒悟:天哪,一切全靠自己了!既没有受过培训,也没有指导手册或一张随机奉送的CD,我们就接下了这辈子最具挑战和最为重要的一份工作。你会愕然发现,如果把为人父母看成是一份工作,这份工作的招聘广告上居然写明:"不需要培训,也不需要工作经验。"

随着变身为家长,你被不可救药地推到了一个陌生的生活维度里,就像你的新生宝宝,要全凭自己的生物本能去适应生存,凭

> 身教大于言传，我们必须去做我们想让孩子们成为的那个人。——约瑟夫·奇尔顿·皮尔斯

借天然的好奇心和与生俱来的不可限量的能力去学习和成长。你会发现，关于养育孩子，你知道的是如此之少，要学习的又是如此之多，这足以让我们谦卑。事实上，你正在跟孩子一起学习处理家庭关系，学习如何与他人合作以及关心他人。在一些别具挑战的日子里，你的生活经验以及思考和解决问题的能力会显得捉襟见肘。

育儿之路是崎岖的。一般来说，孩子越大，路径就越显陡峭，在某个不期然的时刻，你也许就会突然体会到绝望的滋味。在长达18年、对孩子的未来意义攸关的日复一日的工作中，很多家长的生活都被孩子们的需要完全占据，而忘记了关照自己。有些家长相信，做一个好家长就意味着要完全牺牲自己的需要。一个六岁孩子的父亲在一次育儿工作坊中站起来说道："谈论家长的需要简直是荒诞透顶。你必须面对一个事实，作为家长就是要牺牲自己18年的需要。"这个父亲的话听起来很冷峻，并不容置疑，但我们都为他和他的孩子们感到难过。通过牺牲你的需要来养育孩子，对每个人来说代价都太高了。

··你的需要很重要··

最基本的现实是，你自己的需要很重要。你必须首先照顾好你自己才能照顾他人——就像在机舱里演示的那样，空乘人员总是指导家长，遇到突发状况要先给自己戴上氧气罩，再去照顾孩子。这一点很容易理解，因为如果家长自己先没有了呼吸，就根本无法帮助自己的孩子。

机舱以外的世界也并无不同，只是没有在飞机上那么明显而已。任何一种情形下，满足你自己的需要都是无可厚非的。如果不能好好地照顾自己的需要，保持盎然的生机，你也许可以帮助孩子们生存下去，但是你将没有生命的活力，不能身心合一地来帮助孩子们茁壮成长。你也将无法以身作则，为孩子们做出表率，告诉他们如何照顾自己，这一点是他们未来走出家门最需要的东西。

家长的需要确实很重要，他们需要更多的关注和资源。大多数的社区目前所能提供的服务都无法满足他们。我们梦想着，能够在每个社区设立一个场所，为家长们定期充电、学习以及建立社团所用。我们甚至想，也许可以把某些校园变成一个个的社区中心，在晚上或者周末的时候为家庭提供服务。当孩子们自己在一起活动的时候，家长们可以在这里倾诉、寻求指导以及互相陪伴。他们还可以做瑜伽、练太极、一起合唱、学习烹饪，或者享受按摩。家长和其他社区成员可以经常聚集在一起，讨论那些对他们的社区生活至关重要的社会和经济方面的议题。我们设想着创建这样的一个世界，能够为家长们提供很多这样的支持。

这本书无法替代我们想要在这个世界上看到的对家长们的支持，但是我们希望它能激发你，发现并关注你自己以及孩子的需要。我们生活在一个步履匆匆的时代，时刻关照好自己的每一个需要确实是非常困难的。在这一点上，你如果愿意尽力做到，就已经迈出了很大的一步了。

了解你的需要，满足你的需要

我们遇到的大多数家长在满足自己需要的方面都做得不太好，

Section I
尊重和合作的基础

因为他们不知道自己的需要是什么。像大多数的家长一样，你自己也许就是被这样抚养成人的。你的父母、老师和老板为你设定了很多框框，要求你放弃自己的需要来迎合这些外部社会的标准和期望。在很多喜欢用权力控制他人的地方，包括家庭、学校和政府机关里，放弃个人需要曾经是甚至至今也仍然是一种正常的现象。纵观历史长河，家长和老师们为了培养孩子们的服从性和一致性，一直以来是多么成功地压制了婴幼儿和小孩子的激情冲动啊，意识到这一点真是让人感到震惊和难过！

经历了这么多年对需要的漠视，很多成年人告诉我们，他们感觉麻木，希望能够感受到更多的激情、活力和自由，就像小时候那样。很多人也许已经抹去了早年的记忆，他们放弃了，或者说是怀疑那些所谓的感受或需要，也就是人们提到的触及心灵的柔软的或者是渴求的感觉。然而，跟我们一起学习的家长们，重新跟自己的感受和需要联结之后，体会到了一种全新的生命力和活力，也变得能够有效地满足自己的需要了。

看到需要不被满足的代价

当你每一天都超负荷、快速、疯狂地运转，得不到休息，无法按时吃饭，没有时间放松的时候，就很难充满热情地回应孩子们的需要。当你没有时间享受生活乐趣的时候，就很难因孩子们渴望乐趣的请求而兴奋不已。当没有人倾听你的时候，你也许就无法承受倾听孩子们的诉求带给你的挑战。

当你的能量枯竭、系统空耗时，你的情绪成本会透支，不仅你自己感受得到，孩子们也能感受得到。你会发现，自己开始用一种两败俱伤的方式跟孩子们互动，你会大量使用挑剔、威胁、喊叫、苛求、奖赏和惩罚的手段，直到你的马达噼里啪啦地停转了——你已经到了筋疲力尽、无所适从的地步了。自我怀疑、无助和无望的感觉充斥着你，让你开始质疑自己所做的一切到底有什么意义和用处，说一些口是心非的话，甚至会用一些你根本不愿意发生的事情来威胁你的孩子。

需要长期得不到满足而引发的另一个可能的后果是，你会变得易怒。当孩子们意识到你照顾他们要付出的代价时，也许会对接受你的照顾感到负疚，从而拒绝你所提供的这些照顾。同时，他们还可能会有一个错觉，认为你是一个没有需要的人。而如果没有意识到你的需要，他们就不可能帮助你来满足它们。如此一来，你给予快乐的能力和孩子们给予你的快乐，就会以这样或那样的方式打了折扣。

孩子们天生具有同情心，他们愿意也需要看到自己能够成为一个给予者（当然，孩子们满足父母需要的能力是有限的，你不能期待他们来满足父母的大多数需要）。有一个朋友讲述了这样一个故事，谈到当她知道了自己的需要之后，她的孩子是如何找到某种方法来帮助她的：

一天下午，我和我两岁的儿子在一起玩了很长时间。我觉得很累了，想打个盹儿，但是我儿子依然精力充沛，还想让我跟他继续玩。我告诉他，我累了，需要休息一下，但他坚持让我跟他玩。最后，我只好以他的角度跟他说："我知道你跟我玩得很开心，不想停下来，还想继续玩。"我实在太累了，都想不出更多的话跟他说了。可是，我觉得他抓住了我想说的意思，好像有什么事让他改变了立

> 如果想要用什么来改变孩子，我们首先要以身试验，看看它是否能够改变自己。——卡尔·荣格

场。很快，他就有了自己的策略。他说："妈咪，你躺下吧。我挨着你躺下。"然后，我们就这么躺下了。他自己玩了一会儿，让我休息了半小时。当我起来的时候，他问我："妈咪，你睡够了吗？"哇！我实在太感动了。

学习新习惯，好好关照自己

学习在"危机"到来之前，辨识出那些提醒你缺乏自我照料的预警信号，是非常重要的。必须要有坚定的承诺和坚持才能把自我否定、自我牺牲这一套旧习惯抛在一边，培养出自我接纳、自我尊重的新习惯。然而，我们看到很多的家长还是旧习不改，尽管他们都已经认识到了不好好照顾自己会给家庭生活造成紧张和冲突。当你再次发现自己身心的过载和空耗状况之前，请尝试：1）留意自己的预警信号，是不是已经觉得身心疲惫或者是要做一些让自己后悔的事了；2）停下来，做几个深呼吸；3）开始你的"放松时刻"，跟你自己的感受和需要联结。（请见第三部分的"主题：丰盈生命之体验"中的"放松时刻"）

┃ 练习：放松10分钟 ┃

如果你是一位忽略了健康生活的基本需要的家长，只要每天给自己十分钟的放松，就可以打破这个自我牺牲的循环。这个几乎不费什么时间的几分钟调整会带给你很大的改善。你可以用这几分钟反思一下，什么对自己是重要的，你该感谢谁，做一个冥想或祷告，读一点激发灵感的文章，欣赏自己的努力，体谅自己所面对的

挑战，或者庆祝一下你是如何满足自我需要的。

▌练习：找到你自己的需要 ▌

我们邀请你读一读下面的列表，里面列出了我们每个人都有的需要。很多家长都觉得使用这个清单对他们很有价值，可以提醒他们那些正在被满足的和想要更好地去满足的需要。一些家长喜欢一边看着清单一边在心里默默记下；另外一些则是愿意做些标记，他们在那些已经满足了的需要旁边标上加号（＋），在不够满足和需要更好地去满足的需要旁边标上减号（－）。家长们说，周期性地进行这些练习可以帮助他们时时自省，跟自己联结。他们还说，一旦意识到那些想要去满足的需要时，一些简单的能够令他们满足的方法就会很容易出现。

家长们（包括所有人）的需要：

休息	陪伴
锻炼	诚实
健康的食物	倾听
学习和成长	支持
乐趣	意义
创造力	奉献
目的	

（更多需要的例子，请看第三部分的"主题：家庭会议"中的"需要列表"）

> 与其惩罚孩子，让其自我反省，不如让自己停下来，去发现自己的需求和真实的自我。你不曾给予自己的也无法给予孩子。——谢利·胡贝尔

满足你的需要，疗愈你的旧伤

实践充满尊重的育儿之道，一个主要的挑战来自于你所背负的过去的痛苦，特别是你曾经有过的成长时期跟你父母的那些痛苦经历。你也许从来都没有意识到这些痛苦，直到你的孩子有一天的某个行为，不小心触发了你的那个异常激烈的自动反应。

比如，你要给你的孩子扣上汽车座椅的安全带，他却把你的手推开，大声说"不！"你把安全带猛地塞到扣子里，用生硬的语调说："不许这样跟我顶嘴！"然后，发动了汽车，你发觉自己的身体在微微发抖，心里生出几分内疚和震惊。你感到有些沮丧，也很奇怪："刚才那个声音是从哪里来的呢？"后来，你明白过来了："那个声音简直跟我妈妈的一模一样！我从没想到我也会这么说话！"

当你的紧急自动反应出现在另外的当口——那些你并不需要做紧急回应的当口时，表明你正在经历丹尼尔·戈尔曼称为的"情绪绑架"。在那些时刻，你的大脑皮层，即大脑中负责逻辑推理的部分，自动关闭，被分管生存的原始脑接管。当这样的状况发生时，你只有三种选择：迎战、逃走或卡住。这时，你很容易把你的孩子看作是一个问题。或者说，你的大脑此时已经超越了思考，只能根据看到的红灯做本能的反应。当孩子们按下你的按钮，你的自动触发器就报警了，就像是仪表盘上的红灯开始闪烁，它本来告诉你的是：把车子开到马路边上，停下发动机，查看一下出了什么问题。然而，你的第一反应却是，把脚踩到油门上，全速前进。

知道何时按下暂停键

由于在激烈的自动反应过程中，你已经无法进行清晰而理性的思考，所以只要简单地留意那些信号，看看它们在试图告诉你什么就好了：也许是你的没有被满足的需要在呼唤你的注意，或者是来自过去的痛苦被重新激发。无论是哪种情况，请在采取行动之前按下你的"暂停键"，然后让自己进入"放松时刻"。

知道何时寻求帮助

如果来自过去的痛苦经常出现，就应该尽快远离家庭，采取措施寻求帮助。疗愈来自过去的痛苦需要一些时间，可以请求好朋友、咨询师和治疗师的帮助。如果你愿意开始这段旅程，将会是一个与你自己重新联结的令人兴奋的过程，令你的思路变得更清晰，会把谅解以及和谐带入你的家庭。

你需要支持和灵感

我们希望你能找到很多的方法让自己充满能量，从确保足够的休息、按时吃饭以及安排适当的娱乐做起。我们也希望你能够养成一个习惯，每日让自己短暂地放松一下，找点儿灵感，提醒自己育儿的初衷。你也可以在这本书里找一些片段读一读，回味一下那些话的意思，或者再琢磨一下某个图表。我们期望，随着对自我需要觉察的加深，你会更加经常地留意到它们，并能更好地也更有效地关照到这些需要。为了你和孩子们的幸福，你可以变成那个充满生机和活力的人。

··自我尊重很重要··

没有什么比在养儿育女的过程中更能暴露你的短处和不完美了。没有什么人能像你自己的孩子那样,一遍又一遍地考验你处理人际关系的能力和应变能力。如果你的言行不一,就会立刻被发现,就好像你的身边挂了很多面镜子照着你的为人,这真是一个绝好的学习机会啊。然而,能否学到什么,还取决于当你看到了自己缺乏同情和不完美的那一面时是如何行动的。你会评判、责备和惩罚自己吗?还是会体谅自己的不完美,接受偶尔的跌倒,从无效的做法中汲取教训并保持自我尊重?

关于你自己、你的孩子和你的亲密关系,你总是有要学习的新东西,你永远无法期待有一个完美的呈现。事实上,任何要做完美父母或好父母的念头都会给你增加额外的难度。如果你能带着认真而恭敬的态度,把养儿育女的实践看成像职业高尔夫球手的挥杆练习或者像音乐家的曲目练习一样,就会避免很多因为自我苛责和自我批评而带来的巨大"差点"。你会把你的全副身心和能量聚集起来,去做好眼下的这份工作:好好关照你自己的需要和孩子们的需要。

从无效的做法中学习

有些事情,你也许做得不够好,希望能够有机会重新来过。如何处理这类事情,就是在给你的孩子树立榜样。在"第六把钥匙"

> 若要孩子保持生就的好奇心，至少需要一个能够与他分享的成年人。——雷切尔·卡森

中，我们特别探讨了怎样才能心怀慈悲地从无效的做法中学习，里面的很多练习都是从理解"你总是在尽力满足自己作为普通人的需要"开始的。你也许会对你的配偶发脾气，或者会对着你的儿子大喊大叫，但这并不是恶意的或者是十恶不赦的。就像孩子们的行为一样，无论你有没有意识到，你的每一个行为背后也都有着人类的基本需要。提醒自己这一点，将可以使你避免陷入自我评判，而转向自我体贴，给你自己更多的正能量，让你更愿意去培养自己的新习惯。

Section I
尊重和合作的基础

Chapter 3
是什么让合作难以为继？

在这一章里，我们要邀请你一起来好好看看，引发家中冲突频发并阻碍合作的几个因素包括：有限的联结时间，贴标签和攀比，奖励和惩罚，以及无效的沟通。每一个这样的习惯都会加剧冲突。为此，我们特别提出几个有效的方法来帮助你避免冲突，为建立尊重和合作的家庭氛围打下基础。

关于本章学习的几句忠告：关注冲突的根源往往会搅起伤心、失望或者沮丧的感觉。我们希望你在即将进入的学习过程中，有足够的耐心和领悟。如果在读书和做练习的时候，能够聚焦于未来以及你想营造的愿景（而不是纠结在过去以及何以造成如此糟糕局面的原因里），你就会学得更快，也会更开心。

> 不做蠢事就需要保持清醒。部分的清醒可以让我们放慢脚步，以察觉到我们的一言一行。——佩玛·丘卓

··有限的联结时间··

当今家长的每日生活形态中，实在是有太多引发冲突升级和阻碍与孩子们合作的东西了。长时间超负荷的日程和每日匆忙的生活，给已然困难重重的育儿工作增加了额外的负担。然而，这一切并不应该妨碍你跟孩子们做定期的交流。你需要花些时间跟他们待在一起，寻求彼此间的联结。

很多家长都说，他们花了很多的时间跟孩子们待在一起。可是，经过仔细分析他们才意识到，大多数那些所谓待在一起的时间，其实就是在帮助孩子们做上学或参加其他活动的准备，开车送他们去踢球，或者去一些孩子们想去、家长也觉得必须得接送的地方，或者让孩子们做一些家长们觉得应该做的事。为了让大一些的孩子积极参与学校和社会活动，家长也会被卷进孩子们完成家庭作业、进行各种爱好、玩电脑游戏、看电视节目和许多其他的活动中。家长们感到他们只是在协助孩子们，经常感到很无奈，好像没有什么时间跟孩子们谈论那些重要的事，也没有时间跟孩子们一起玩耍。

一个成功的 CEO 曾经说过："我真希望，在我孩子年少的时候能够跟他们有更多的相处时间，特别是在他们 9 岁到 13 岁的时候。我的确跟他们在一起做了很多的事，但是我希望我能够花上更多的时间去倾听他们，跟他们聊天。我以为我还有很多的机会跟他们在一起去做这一切，但是一旦进入青春期，他们就会更愿意跟自己的同伴在一起，而对我也不再愿意敞开心扉。我总是劝导我的那些有

孩子的员工,要尽量找机会跟他们年幼的孩子相处。"

你所能做的:找时间去跟孩子们联结

趁孩子还小,养成一个单纯地享受跟孩子们在一起相互陪伴的习惯,跟他们一起玩游戏、唱歌、跳舞、画画、走路,畅谈希望和梦想,一起欢笑,甚至简单地依偎在一起。每周都要专门预留出一家人共处的时间。每周一次的家庭会议就是一个真正能够让彼此生命交融的很好的尝试,也应该是一个很棒的练习合作的机会。如果能够把谈论个人生活以及安排家事放到有趣的合作游戏里面来完成,就能更好地让每个人享受到生活的平衡。要好好地安排家庭会议的时间,把它们排到重要的议事日程上,否则你会永远没时间去做。(更多的家庭会议活动方式,请参看第三部分的"主题:家庭会议"。)

··标签、攀比和挑剔··

标签是用来贴到盒子和文件上的。它们可以为那些没有生命的东西分类,却绝不可能准确地描述那些活生生的、每时每刻都在变化着的妈妈、爸爸和孩子们的真实状态。不幸的是,我们中间的绝大多数成年人都会给人贴标签。我们想都不用想地就会说:"她可真吵!""他真烦人!""她非常不负责任!""你真粗鲁!""我也非常敏感!"家长们和家里的亲戚们总是很自然地会为婴幼儿们归类,当孩子睡得安稳、不打扰别人时,就是"好孩子";如果孩子不高兴了,就是"坏孩子"。我们在很小的时候就知道,家长说"乖点儿"的意思就是要我们"安静一点儿,按我说的去做!不要打扰别人!"。

给别人贴标签,就好像他们是一件东西而不是一个鲜活的、生长着和变化着的生命,已经成为很多人的一种习惯,以致在你和别人这么做着的时候没有丝毫的察觉。如果你坐在一个购物广场上,听一听人们的对话,或者调到任何一个普通的电视节目,你都会发现,人们是多么经常地把他人的行为总结归类,贴上标签。

给他人贴标签,除了是不适当的并且伤人之外,还会让自我暗示成为现实。

如果你的孩子没按照你要求的方式去做家务,你就一遍一遍地批评他"懒惰",他就会变得相信自己是个"懒惰"的人,他的行为就会越发地趋于"懒惰"。"干吗要尝试改变呀?别人都这么看我,也许我就是这个样子的呀。"

这样的做法也让孩子慢慢地学会了把权利交到别人(在这个案例里是家长)的手中,允许别人告诉他,他是什么样子的。其结果是,他也将有可能把这样的权利拱手交给他的同伴们以及那些永远在他身边的广告商们。广告业的生意之所以如此兴旺,就是靠着那些把自己的判断力交给别人的人,他们总是在告诉你,你哪里不足,还需要什么产品你就会变得比现在更好。在外面的世界寻找认可和自我定位,无论在什么年纪,都足以损害一个人的自信心和自我肯定。

任何一种跟别的孩子比较的方式都会打击到孩子的自尊心:"为什么你不能学着像你哥哥一样去分享?他多么慷慨啊!""我希望你在学校向你姐姐的标准看齐。她是班里最聪明的孩子。"比较,

Section I
尊重和合作的基础

而不是让孩子通过认识自我去改变自己的行为，只能引发孩子内心的敌意、嫉妒、疏离、沮丧或者叛逆，因为它没有满足孩子内心渴望关注、尊重和接纳的需要。

你所能做的：真实地表达自己，既不评价也不挑剔

不要把你的孩子贴上好的、坏的、懒散的、努力的、聪明的或者蠢笨的标签，要跟他们分享你对他们清晰的观察（没有标签和评判），告诉他们你看到他们做了什么，如何影响到了你。不要说你的儿子不负责任，要把标签拿开，跟他具体谈谈你所看到的那个让你觉得他"不负责任"的行为：你的儿子早上的时候忘记带午饭了，把外套落在学校了，忘记交作业了等等。总之，你可以跟他谈一谈他能明白的事。

假如你的女儿忘记了你们的约定，没能每天晚上按时喂狗，不要骂她冷漠无情，你可以跟她分享你的观察："我很感谢你，上周的七天里有四天都没用任何提醒就喂了狗狗。看到我们家里的每个人都能遵守承诺，一起照看好家里的每件事，我觉得非常高兴。"然后，你可以跟她谈一谈，当你发现她忘记喂狗而不得不提醒她的时候，你是什么感觉："当我意识到上周有三天你是在我提醒下才去喂狗的，我有些担心。我希望即使我不提醒你，狗狗也可以得到喂养。不知道你能不能想出什么办法，记得每天晚上喂狗？"也许，"提醒你的孩子"就已经是目前最好的办法了。用这种尊重的方式跟她一起探讨各种可能性，比责骂她"冷漠"、"懒惰"或"不负责任"会更有可能让她愿意跟你合作。

> 你不能强迫你的孩子做任何事。你所能做的就是让孩子们期望"要是自己做了该多好"。而后,他们将会使你希望,要是自己从来没有令他们如此期望就好了。——马歇尔·卢森堡

··奖励和惩罚··

奖励和惩罚是制控型育儿方式的标准手段。事实上,当你的目标是让孩子们去做违背他们意愿的事情时,这是必需的手段。奖励和惩罚是尊重与合作的反面,只会导致没完没了的权力之争。

下面列出的是用惩罚与奖励的方式育儿所付出的代价:

它们破坏了孩子的安全感和信任感。

它们鼓励孩子为获得奖励或避免惩罚去努力,而不是遵从自己的内在价值去行动。

它们剥夺了孩子为你做事的快乐。

它们拿走了孩子跟你合作的愿望。

它们教会孩子用奖励和惩罚的方式从他人那里得到他们想要的东西。

不使用奖惩的方式来胁迫孩子去做事,并不等于纵容他们的行为,也不等于放弃你的需要。有尊重的互动意味着,你从心里珍视每个人的需要,愿意尽可能地照顾到并满足大家的需要。

惩罚与武力保护

有些时候你需要出手,用武力来保护他人或者你珍惜的东西。

如果你的孩子开始撕书,你就要想方设法抱住他,直到他安静

"为了让孩子们变得更好，先要让他们感觉更糟！"我们怎么会有如此疯狂的想法？——简·尼尔森

下来可以好好谈谈。在这种情况下，使用武力是为了保护你所珍视的东西，不是惩罚他的不良行为。不要给他讲什么大道理（"你不该撕书！这种做法不对！"），你要倾听他，你可以跟他说（抑或是什么都不说，取决于你的孩子有多大，他有多么难过，什么方式最能让你跟他联结）："你觉得很沮丧，需要发泄一下，是吗？如果是这样，我很愿意帮助你找到一种方法，既不会伤害你，也不会伤到我比较看重的东西，比如这本书，好吗？"

如果你能记得每个行为背后都是在试图满足某种需要，你的话语里没有批评、责备或者挑剔的意味，你的孩子就有可能更愿意敞开心扉，谈论他通过撕书所试图满足的需要。知道了他的需要，你就可以跟他一起讨论，找出其他的可以令他满足需要又没有造成伤害的策略。

这样的讨论和对话可以让每个人从中获益。但如果你的目的是要让孩子为他的错误行径吃点儿苦头，这样的对话就不可能发生。当孩子认为你要惩罚他的时候，他就可能会关闭自己，或者心怀恐惧、愤怒、怨恨和失望地发泄情绪。他满脑子想的也许都是怎么跟你打平，绝不是以后怎样用不同的方式来处理这样的状况。而且，如果你执着于惩罚，就永远不会了解到他最初为什么会撕书，同样的事情以后恐怕还会发生。难道你不愿意你的孩子从此不再有这样的行为，是因为他知道当他想讲话的时候有人会倾听，而不是因为害怕破坏了东西所带来的后果吗？

你所能做的：弄清楚你对孩子的要求

当你对孩子提出要求的时候，不妨问问自己以下两个问题：

那些因为害怕惩罚而呈现的行为,当被视为是合乎道德的,还是懦弱的呢?这是一个有待讨论的问题。——玛格丽特·米德

我想让孩子做什么?

我让孩子做这件事的理由是什么——是为了让他内疚、羞愧、害怕惩罚、得到奖赏,还是为了他们能参与并为自己和家庭的福祉做出贡献?

注意:当孩子们因为内疚、羞愧、害怕惩罚或者渴望奖赏去做某件事的时候,你将要为此付出很大的代价。内疚、羞愧和惩罚经常会触发一个人内在的愤怒和报复之心。而用奖赏所激励的行为多会"上瘾":你要不停地提供越来越多的奖赏才能获得你所期待的服从。

你来决定:是否值得用那些会引发孩子们内疚、羞愧、愤怒、报复和为奖赏而讨价还价的方式来跟他们互动?

··思考和沟通的习惯··

即使你的目标是用尊重的方式跟孩子们联结,你旧有的习惯性的倾听和谈话方式依然可能阻挡你跟孩子们的联结。这本书从头至尾所做的一切就是帮助你理清两种沟通方式的区别:加剧冲突的沟通模式和化解冲突、促进合作的沟通模式。

"但是"和"应该"是两个需要特别当心的词,它们会戏剧性

Section I
尊重和合作的基础

地影响孩子们对你的回应。留心一下你自己有多么经常使用这两个词，以及在你使用它们的时候孩子们是如何回应你的。

把你自己想象成一个孩子，听到下面这样的一番话："跟你一起玩游戏很有意思，但是……""我知道你玩得很开心，但是……""我听到了你的话，但是……"孩子们非常明白你接下去要说什么——"你应该做些不一样的事！"这是孩子们所能听到的唯一的部分。那个"但是"就像一个橡皮擦，它把你前半段所说的一切都统统擦掉了。

更加危险的是"应该"这个词。当你使用"应该"这一类词汇的时候，包括"必须"、"要去"、"得去"，实际上等于在说"我知道什么对你是最好的，不需要跟你确认你的想法和感觉，你就直接照我说的做好了"。没有什么比父母的要求能更快地触发孩子们的苦恼了。当孩子们听到这样的要求或者命令的时候，恐惧和焦虑感就被激发，大脑立刻进入"战斗、逃跑或卡住"的状态。毫无疑问，此时你将要面对的就是他们的置之不理、反抗或者逃避。

"应该"一词也在告诉孩子你对他们应该成为什么样子所抱有的理想或期望。如果你抱定这一理想或期望，就有可能错过孩子们试图表达的想法。他们那些深深的未被听到和看到的需要、期望被接纳的需要和安全感就无法得到满足。

你所具有的"应该思维"的级别也将决定你所要经历的愤怒程度。正是"应该思维"本身（而不是其他人的做法）造成了你的愤怒，引发了你的负面感觉和情绪。当你听到和看到的与你内心中的"应该"无法匹配时，理想和现实的差距就将触发你的情绪，于是开始抨击、指责、批评和羞辱他人。（另外一种可能是，把指责、批评和羞辱指向自己,从而导致压抑的情绪。)这种"应该思维"不仅造成亲子关系中的愤怒、冲突和攻击,也常常引发团体之间、政党之间和全球范围内族群之间的痛苦和攻击。(更多的"应该思维"的内容请参看第三部分的"主题:丰盈生命之体验"的"转化愤怒"。)

你所能做的:使用尊重的语言

你可以在这本书里发现另外一些有用的工具,能够促进彼此间有尊重的联结和合作。在"第五把钥匙"里将有更加详尽的讨论和探索。

··小 结··

我们希望,第一部分的这三个章节可以给你一些有益的洞见,能够激励和鼓舞你在亲子关系中的成长。我们想在这里强调的几个重要的关键点包括:1)身教大于言传,孩子是从你的行为中而不是你的说教中学习的;2)如果能够对孩子们显示尊重和合作的意愿,孩子们通常都会以善意回应你;3)你自己的需要和孩子的需要同等重要;4)可以用化解冲突的沟通方法替代加剧冲突的旧习惯。

在此基础上,我们要进入下一个环节,即非暴力沟通亲子篇的"七把钥匙"。借着这几把"钥匙",我们将向各位展示如何跟孩子们一起互动,化冲突为合作。我们将为家长和孩子们打开一扇通向美好家园的大门,让大家在其中尽享欢乐。

Section II
开启合作的七把钥匙

Section II 内容简介

构成本书第二部分的七把钥匙旨在培养家长的能力,帮助他们把自己的家园打造成"无错区",一个替代了挑剔和奖惩、能够平等珍视并尽力满足每个家庭成员需要的温馨港湾。

第一把钥匙 做目标明确的家长,帮助你认清自己最根本的育儿初衷,令它与自己对子女最深情的愿望保持一致。

第二把钥匙 看到行为背后的需要,帮助你撩开孩子种种行为的迷雾,为你介绍一种聚焦于需要的育儿方法。

第三把钥匙 建立安全感、信任感和归属感,以科学研究为依据,阐述了身体和情感的安全感在儿童成长过程中所起到的至关重要的作用,并且告诉你如何为孩子们提供这样的安全感。

第四把钥匙 激励给予,帮助你去辨识哪些是孩子们给你的礼物,如何带着感激之心接受这些礼物,以及如何鼓励相互的给予和接受。

第五把钥匙 使用尊重的语言,陪伴你一步一步地学习非暴力沟通的语言,教你如何将批评和指责转换成带有尊重的需要表达。

第六把钥匙 在成长中学习,鼓励你跟孩子们一起探索、研究和制定各种满足需要的方法和方式。坚信办法总比困难多,每一个需要都可以有很多的方式去满足。

第七把钥匙 让你的家成为"无错区",揭示了冲突的根本原因,给出了将冲突转化为真诚联结的方法。

Section II
开启合作的七把钥匙

第一把钥匙：做目标明确的家长

重要概念

- 确定你的育儿目标
- 用你的目标校准你的思考
- 让你的行动符合你的目标
- 让你的沟通支持你的目标
- 鼓励孩子做出自己的选择

给家长的三个根本问题：

- 什么对你最重要？
- 养儿育女为了什么？
- 你跟孩子互动的用意是什么？

随着生活节奏的加快，每个人都需要一个坚实的可以依托的东西，就像航船上的压舱石和指南针，帮助你应对每天眼花缭乱的选择。你需要知道自己每天的所作所为是为了什么，而你又为什么做了这样的选择。

同样，你的孩子也需要一个导航仪引领他们穿越充满无数选择的星空，去面对眼花缭乱的时尚诱惑、广告以及变换无穷的各种"必需品"。当他们的生活一旦混乱时，一个安宁的家园就是他们得以栖息的港湾。

作为家长，如果能够确定自己生命的意义和目标，包括如何为人父母，就可以帮助孩子们满足那些至关重要的需要，包括稳定感、保障感和安全感，并引导他们找到自己航行的方向。

··确定你的育儿目标··

现代社会中的各种压力一直在驱动着我们要"更加努力、更有成就和更加富足"，爸爸、妈妈甚至孩子们，都在马不停蹄地努力追赶着周遭的变化。这样的高速运转意味着人们在多数情况下都处于"自动驾驶"的状态，即依靠本能对周围发生的一切做出迅速的反应，就像在"危机反应模式"下所做的一样。当人们面对真正的危险，例如出现山火、洪水或者意外事故的时候，这种危机反应模式是至关重要的。在这些紧急关头，身体分泌的肾上腺素会让你保持警醒和迅捷的反应，你的安全和你的生命均有赖于这些自动反应。

在从前，"危机"只是时不时地出现在人们的生活里。而如今，快速的生活节奏、更高的绩效标准，加之新闻媒体与即时通信系统的结合，给我们的日常生活制造了一种强化的危机感，不仅对家长，对孩子们也是一样。总之，我们的家庭生活正遭遇着前所未有

> 培养孩子的责任心，就要允许他们在与其相关的事情上有话语权和选择权。——海姆·吉诺特

的"过度危机"的挑战。压力重重的父母匆忙中会对孩子们厉声呵斥，而孩子们则会反唇相讥（或者置若罔闻，或者退缩到自己的房间里）。一旦你和孩子们陷入这种过度危机的状态，家庭生活就变成了战场，充斥着相互指责和永无休止的争吵。

任由"自动驾驶"引领生活的模式，会令你觉得自己是这个环境的受害者；你竭尽全力地过好每一天，而你的习惯性思考、倾听和讲话方式却处处在加剧危机和冲突。在"危机反应"的模式下，你很难意识到，生活中的每一个时刻都充满着选择——你可以选择如何对当下的状况做出回应。

无论怎样，我们每个人从早到晚都在不断地做出选择：选择怎样去做，怎样去说，怎样去听。同样重要的是，一些专门研究人类内心世界的专家收集的强有力的证据表明，我们也在主动地选择如何去思考[1]。这也就是为什么，知道我们的选择是为了什么是如此的重要。当我们知道"我们的选择是为了什么"，而且能够对正在做出的选择富有察觉，就更有能力采取正确的行动支持我们的选择。清楚地知道养儿育女的目标，能够指导你在日常生活中做出为人父母应有的抉择。

明确你的育儿目标

对我们每个人而言，第一步，也是最重要的一步，就是要确定我们想要什么，以及我们养儿育女是为了什么。下面三个练习将帮

---

[1] 参见卡尔森（Calson）的《无论怎样你都可以开心》（*You can be happy no matter what*）；克里希纳穆提（Krishnamurti）的《重新认识你自己》（*Freedom from the Known*）。

助你明确养儿育女的目标或目的。请花些时间完成这些练习，然后看看你对自己有什么新发现。

练习一：从长远来看，你要的是什么？

专注长远利益，会让你正确审视当前的行为，也能让你更清晰地关注到最重要的事情。下面的两个问题将帮助你清楚地了解你养儿育女的目标。

两个指导性问题：

我希望孩子成人后具有哪些品质：

1. _____
2. _____
3. _____
4. _____
5. _____
6. _____
7. _____

我希望跟孩子保持什么样的关系？不仅是指现在，而且是从长远的意义上。

当思考这些问题以及自己的答案时，我注意到了什么？

练习二：你将要做什么？

请仔细审视练习中你所列出的那些你希望孩子成人后所具有的品质。现在，把它们套用到自己的身上，你将更加清晰地看到，你需要具备哪些品质来为你的孩子树立榜样。

你所列出的每种品质，都是你认为重要并且希望孩子成人后所具备的。把它们转换一下，就是你要活出的品质和价值观。比如，如果你希望你的孩子成为一个诚实的人，转换一下就是"我看重诚实"，"我要说实话"。你希望孩子关注健康，就可以说"我看重健康"，"我要好好照顾自己的身体"。这些陈述就是一块块试金石，提醒你明确你的育儿目标和你的育儿实践。

价值观陈述	意愿陈述
1. 我看重 _____，	我要 _____。
2. 我看重 _____，	我要 _____。
3. 我看重 _____，	我要 _____。
4. 我看重 _____，	我要 _____。
5. 我看重 _____，	我要 _____。
6. 我看重 _____，	我要 _____。
7. 我看重 _____，	我要 _____。

接下来，让你的"价值观陈述"和"意愿陈述"引导你找出更加具体的、可以支持你每个价值观的那些行动。

> 我们的思维和想法变得越机械化,我们的觉察就越难以适应那些特殊的情境。——大卫·博姆

我要采取的具体行动是:

1. _____
2. _____
3. _____
4. _____
5. _____
6. _____
7. _____

一起探索:明确你的育儿目标

如果你的孩子在八岁或八岁以上,可以请他们做一做上面的两个练习,这将帮助他们发现自己的目标。小一点儿的孩子,或者其他有兴趣的家庭成员,可以用拼图或者画画的方式,展示出他们看到的自己在未来的样子,看看哪些对他们是重要的,为了实现这些可以采取哪些行动。

当所有人都完成了这个练习之后,就可以在家庭会议中分享。

选项:你可以将每个家庭成员的目标用各种形式汇集到一起,可以是一幅拼图、一首诗、一句使命陈述,或者是任何一个富有创意的形式。(请参阅第三部分的"主题:家庭会议",那里有更多可以与家庭成员一起进行的活动)

人生的秘诀是：透过关系而改变。——J. 克里希那穆缇

练习三：哪些行动是有效的？

毫无疑问，你已经按照自己的意愿开始行动了。下面这个练习将帮你发现，在迄今为止所采取的行动中，哪些做法真正有效地支持了你的意愿，帮助你获得了所期望的结果。肯定并庆祝那些有效的做法是一个强有力的行为，家长们可以借由这类丰富生命体验的活动进一步清晰自己，支持自己，建立自信，并创建平衡的愿景。

我正在做的哪些事是支持我的价值观和我的意愿的？

1. _____
2. _____
3. _____
4. _____
5. _____
6. _____
7. _____

· · 用你的目标校准你的思考 · ·

大脑对各种念头的处理决定了我们所看到的和体验到的，也决定了我们所要采取的行动。它们选择接受了想要接受的部分，重构了我们跟这个世界以及这个世界上所有一切的互动，包括跟我们自

己以及我们所爱的人的互动。你也许会很奇怪,我怎么能够选择我的念头呢?难道它们不是自己发生的吗?

念头来来去去,每一个时刻你都在选择愿意与之共舞的念头。你是你自己各种念头的编辑,你可以学着引导它们,让它们为你的育儿目标服务。

任何一个人,如果选择把念头聚焦在"谁对谁错"、"公不公平"、"谁好谁坏"上,将会不可避免地把大量的宝贵时间与精力花费在分析、判断、指责和批评上。当你把能量消耗在分析、判断、指责和批评上的时候,就等于在支持冲突。这样一种思维的后果就是,你不能把注意力放在理解和满足孩子通过行动想要表达的真正需要上。

如果你在心里认定别人是在针对你,比如你认为你的孩子(或者其他人)试图操纵你、利用你、忽视你或者不尊重你,那么你就会经常感到烦恼和生气。相反,如果你能想到你和孩子的每个行为都是为了满足某个需要,就会在心里生出更多的慈悲,体会到彼此的联结,就更有可能采取一些行动,来帮助你的孩子以及你自己提升幸福感。

你对孩子的种种想法,直接决定了你如何看待他们和如何对待他们。如果你认为孩子是不可信任的,你就会限制他们做决定和学习信任的机会。同样,当你对孩子说"我没法相信你"的时候,他们就会把这句话深深地印在心里。相反,如果你认为孩子有能力掌握自己的生活,你就会把这种信心传递给他们,用尊重的态度对待他们,给他们很多做决定的机会。你会总是为孩子们做最好的设想,把你对他们的信心作为礼物送给他们。

Section II
开启合作的七把钥匙

环境比基因更重要

发育遗传学的新领域对环境信号如何影响甚至控制基因的活动做了研究。结果表明,细胞的运作和形成主要受到细胞与环境交互的影响,基因代码反而仅仅起到较次要的作用。对于孩子而言,他的环境主要由家庭中的互动以及家长的行为、信念和态度组成,这个环境直接影响孩子们的潜意识和行为习惯,而这种影响也许会伴随其终生。这是因为孩子们的潜意识非常容易受到家长的暗示,而且潜意识会把所有收到的信息当作事实牢牢记住。如果家长对孩子说"你真懒!"或者"你太坏了!",这些评价就会被孩子们的潜意识当作事实收藏起来,在孩子们的一生中持续影响他们的行为和潜能,除非采取其他措施重新整编潜意识里的这些信息。(利普顿著,《生物学的信仰》(The Biology of Believe)。)

·· 让你的行动符合你的目标 ··

孩子们大部分的习得都是通过你的行为而学到的。如果你能够按照自己的意愿去行动,让这些行动与你的目标一致,就是在教给你的孩子如何做出正确的选择,实现自己的目标。

在高度紧张的日子里,家长们一个非常关键的行为,就是要清醒

> 我们这一代最伟大的变革就是人类的变革，人们可以通过内在思想态度的改变，来改变他们生命外在的方方面面。——玛丽莲·弗格森

地意识到，每天只有几个小时、每周只有几天、每年也只有几周的时间可供支配，你不可能事无巨细、面面俱到。许多家长为自己安排了太多的活动，做了太多的承诺，同时又面临孩子们在学校或者社交生活中的各种需要。无暇顾及孩子们的需要会让孩子独自陷在自己的狭小天地里，一个人面对那些懵懂、担忧和日益增加的各种选择。

如果你珍视一家人在一起的时光，那么当你在家庭事务之外欲做任何承诺的时候就要思量再三，看看这个承诺是否有助于你得到更多的跟家人在一起的难得的好时光。如若不然，就不要承诺。在孩子年幼的时期，要努力确保有活力的家庭生活。开启你的创造力，让你的家庭生活充满畅快的沟通、轻松的嬉戏和各种有意义的活动，这也是你的孩子所期待的。

▎自我探索 ▎

基于你的育儿目标，请回答以下两个问题：

哪些活动是围绕你的育儿目标展开的？

哪些活动不是？

··让你的沟通支持你的目标··

你的倾听方式决定了你跟孩子的互动是一种探索和讨论，还是一场争论或吵架。当你倾听孩子的时候，你是在倾听什么呢？你是在努力找出话语中的错误、问题、过失，还是想通过倾听更好地

了解你的孩子以及他们所面对的挑战？你是一个开放、包容的倾听者，还是一个极度敏感、容易生气、随时准备为自己辩解的人？要是听到让自己不舒服的观点，你会马上反驳吗？你会带着尊重和好奇去倾听那些跟你不一样的想法吗？倾听，对你来说到底意味着什么呢？是保持安静，等待开口解释的机会？还是以一种积极的姿态，默默地尝试从他人的陈述中理解别人的看法？

关于倾听，可以有很多的选择。如果你觉得自己别无选择，也许是因为你很难过、感觉受伤、气馁、焦虑、灰心或者气愤，这意味着你需要体贴自己的感受，或者找到一个合适的人来倾诉。在你情绪紧张的时候，是很难倾听自己的孩子的。你首先需要为自己的情绪负责，可以找一个人来倾听你。当你的情绪得到了疏解之后，就可以倾听孩子的诉说了。（在"第五把钥匙"中将有更多的关于倾听和自我体贴的讨论。）

我们惯常使用的说话方式，经常会在家里或者其他什么地方，阻碍相互间的尊重与合作。这些熟悉的沟通方式为这个世界带来了很多的痛苦，也为家庭生活制造了很多的冲突。

以下是这类沟通方式的常见特点：

贴标签："你太坏了。""她是个霸道的人。""他很蠢。""我太懒。"
下结论："我是对的。""你是错的。""我们是好的。""你们是坏的。"
责备："这都是她的错。""你应该这样。""都怪我。"
拒绝选择："你必须。""你不能。""我不能。""是他们逼我的。"
下命令："如果你不按照我说的去做，你会后悔的。"

在"第五把钥匙"里,我们将介绍一种不一样的运用语言的方式——一种聚焦于感受和需要的沟通方式。这种方式给他人选择的余地,而不是简单地贴标签、评判、责备和下命令。

说出关于选择的真相

一位妈妈对孩子说:"你必须马上穿好衣服。"她不停地催促着,而她的女儿继续在床上快乐地蹦来蹦去,一点穿衣服的意思都没有。很明显,孩子并不是"必须"穿好衣服,这位妈妈其实在说:"如果孩子不快点儿穿好衣服,就得承受一些后果。"

家长们也会用这样的语式谈论他们自己的生活:"我得带蒂米去上学。""我下班后得接凯利回家。""我得去健身房。""我必须上班去了。""我一定要准备晚饭。""我必须去购物了。"当你这么说话的时候,有什么感觉呢?如果你的孩子总是收到"必须"的指令,他们又会如何看待生活呢?事实是,上面任何一个事情都不是必需的。只是无论你做出什么选择,都有一个与之相伴的结果而已。

考虑一下,该如何跟你自己和你的孩子说出关于选择的真相。比如,当你发现自己正在这么想或者这么说"我应该(或者"不得不",或者"必须")吃得更加健康"、"我应该得到更多休息","我应该享受更多快乐"或者"我应该仅仅安静地听孩子说话"的时候,就问问你自己,这是不是你真正想要的,或者是不是因为某种原因你觉得是自己应该想要的。如果这就是你想要的,就坚定地告诉自己:"我想要吃得更加健康。""我选择好好休息。""我想要更多的快乐。""我确实想平静地听孩子们讲话。"用心感受一下,当你用这样的方式说出选择的真相时,感觉如何。

有效改变的必要条件是：坚持不懈地真诚努力，摒弃旧有的效率低下的思维模式。——道克·奇尔德

Section Ⅱ
开启合作的七把钥匙

▍自我探索 ▍

为了使你所拥有的选择更加清晰，不妨做一个"选择清单"——"我自己选择的"。比如，这个清单里的内容可以包括：我穿什么，吃什么，如何分配我的时间，和谁共度时光，或者怎么花钱。

接下来，再做一个"被选择清单"——"别人为我选择的"。这里的"别人"可以是家长、其他家庭成员、雇主、社区、教堂或者政府。当你完成这个清单以后，请花一些时间认真地看看里面的每一行。想一想，你是否可以有不一样的选择。比如，如果你认为是你的家长决定你该如何度假，那么，可以好好考虑一下你所拥有的选择：是听从父母的建议，还是做点儿别的什么？

▍一起探索：我的选择是什么？▍

每个家庭成员都要完成自己的"选择清单"和"被选择清单"。分享彼此的清单，交流一下自己在做这两张清单时的发现，以及在整个活动中的一些感受。

·· 鼓励孩子做出自己的选择 ··

有一个做法可以帮助你在家里增强合作和避免冲突，那就是尽可能地鼓励孩子们为自己做选择。"自己做选择，并从中学习"是

孩子们在人生道路上最好的一课。如果家长忽略了孩子对于选择权的诉求，就会给自己和孩子们的生活带来很大的危险。

选择会伴随人的一生，是人生经历的核心。无论什么年龄，选择自己的目标、信仰和行动的热望都会在家庭中引来争议。如果家长忽视了孩子对于自主选择的重要诉求，这种争议就会愈加激烈。伴随着年龄和阅历的增长，做选择的机会也会不断增加。婴幼儿时期的依赖性会逐渐让位于为自己做主的愿望，从选择什么时候吃什么，到怎样探索和如何表达，走向成熟的过程就是不断增加自己决策能力的过程。若孩子在年幼的时候，能够有足够多的机会做选择，并从中学习，对他们的成长是至关重要的。

为了体会你的孩子在缺乏选择权的情形下的感受，不妨想象一下，当别人这样对你说话时你的内心反应："你不能这样！""你必须去！""你一定要这样！""照我说的去做！""你要是不做，会后悔！"你会有合作的欲望吗？你肯定知道，孩子们听到这样的话会跟你有一样的反应，甚至强上两倍，因为他们还没有几十年的阅历让自己习惯这一切。

通常有几个原因使得家长们宁愿替孩子们做选择，也不让孩子自己去思考和做事。一个原因是，他们希望事情能够按照自己期待的样子完成：利索、有效、精准。另一个原因是，让孩子们自己动手做事需要更多的时间和耐心。家长们在生活中已经习惯了忙碌和紧张，他们发现亲力亲为会容易得多，也便捷得多。

父母替孩子们做事，一方面限制了孩子们练习决策和做事的机会，妨碍了脑力和体力的锻炼，另一方面也产生了抗拒和冲突。缺乏这些磨炼的机会，孩子们很难把自己看成是这个世界上的一个有

> 当我们理解了我们和其他人行为背后的需求时,我们就没有了敌人。——马歇尔·卢森堡

Section Ⅱ
开启合作的七把钥匙

能力和本事的人。

我们认识一个妈妈,她说自己小时候每次跟父母分享观点时,得到的反馈都是:"哦,你不应该相信这些的。""哦,你不应该这么想。"所以,很小的时候她就学会了隐藏自己的想法,甚至在长大之后也总是怀疑别人是否会看重她的想法。否定孩子对世界的看法,可能会给其成年后的生活带来严重的后果。

请帮助你的孩子意识到他们的选择范围,然后把你的信心传递给他们,让他们知道,他们能够为自己的生活做很多选择。为了帮助孩子们增强选择的能力,了解哪些选择是有效的,哪些选择是无效的,你可以邀请他们参与起草与他们生活相关的一些规则、协议和计划。让孩子相信,他们可以依赖你,需要时你能帮助他们做些调整,也愿意和他们一起在前行的道路上不断学习。(参见第六把钥匙,里面有更多的关于跟孩子一起学习的内容。)

要知道,刚开始跟孩子谈论选择的时候,很多的年轻人,特别是青春期的孩子,可能会感到有些不解、反感或者恼火。对他们来说,在迄今为止的人生中,绝大多数的重要选择都是由家长、老师或者其他成年人替代他们完成的,留给他们的通常只有两个选择:服从或者抗拒。很多孩子的生活体验就是淹没在各种没完没了的不可理喻的规矩和期望中,这些规矩和期望完全没有尊重他们的愿望,也没有给他们任何选择的机会。孩子们也许根本就不相信他们能够在满足自己的需要方面有所作为。因为过去这样的经历造成了他们所期望的自主权和父母给予他们的选择权之间的差距,因此,全身心地倾听和感受他们是非常重要的。

··小　结··

选择去选择。确定你养儿育女的目标，是在家庭中减少冲突、增强合作的第一步。然后就是日复一日的技能练习了，你需要在每日的生活中练习，选择如何思考、如何倾听、如何行动和如何交流。我们希望，这把钥匙能够扩展你在育儿生活中的觉知，意识到自己拥有的选择。我们也希望能够激励你，把更多更广的选择权交给你的孩子，让他们有一种全然参与自己生活的感觉，长大之后，就能成为一个有信心、有能力为自己的生活做出选择的人。

┃每日练习┃

每天花点儿时间反省一下你的目标。

请记住你与孩子互动的意愿和初衷。

留意"应该"和"必须"的使用，把它们改为"你想要的（事）"和"你选择做的（事）"。

第二把钥匙：看到行为背后的需要

重要概念

- 所有的行为都在试图满足某种需要
- 孩子们总是在努力地满足自己的需要
- 你要为自己的需要负责
- 感受是需要的信使
- 孩子们需要倾听和理解

我们为什么会做这些事？我们的孩子为什么会有那样的行为？

有的时候，人们的行为动机是很容易理解的。你问孩子为什么要吃饭，他会说饿了。你问他为什么要和朋友出去，他会说好玩呗。要是问他为什么老有那么多的问题，他会说他想知道更多啊。但是，如果问他为什么要打他的小妹妹，或者为什么今天不想去上学，他就说不上来了。他也许会说"因为她太蠢了"、"我讨厌她！"或者"上学太无聊了"。

家长们对这样的回答经常是持否定态度的："你肯定不是这么想的。""这太可笑了。""这不是什么问题。"或者他们会斥责孩子："你不应该这样讲话。""你说得太可怕了！"听到这样的回应，孩子们

> 真正的发现之旅不在于发现新景观，而在于采用新眼光。——马塞尔·普鲁斯特

也许会试着辩解，或者会一声不吭。家长则完全无法了解到底发生了什么。

同样，如果问他"是谁先干的？"或者"是谁的错？"也同样于事无补。这种问题往往只能带来更多的指责和争吵。用这种对峙的方式去确认谁的过错，谁该被谴责，谁该受责罚，一直被沿用在家庭、学校乃至整个司法体系中，哪怕它根本就无法帮助你理解行为背后的深层动机。一旦缺乏对行为动机的深入了解，就永远无法真正解决所面对的问题或者冲突，而只能就事论事地做些小修小补。

孩子们当然也就学会了这样处理冲突的方法，他会马上把矛头对准他人："是她的错！""是她先开始的！""她应该被惩罚！"这种行为非常容易理解，他们需要尽力保护自己免受责骂或者惩罚。撒谎便是他们的手段之一。事实上，我们已经发现，造成孩子们（以及任何年龄的人）撒谎的原因之一就是，他们认为说实话不安全，想保护自己免受惩罚。指责永远解决不了问题，一旦家长在家里扮演了法官和陪审员的角色，判定谁该被惩罚以及如何惩罚，家庭中就会永远存在一种叫作责备的游戏，指责、找碴儿和谩骂就会成为家常便饭。

每个孩子都希望别人看到他们的善意，认可他们的努力。可以想见，那样的指责和谩骂有多么令人难过。如果人们能用尊重的态度去看待他们，他们就会感到安全。特别是，当他们所付出的努力没有出现所期待的结果时，这种尊重显得尤为可贵。当一个孩子感到气馁、紧张、难过、恐惧或者困惑的时候，任何的忠告、责怪、批评、羞辱或者惩罚都无济于事。那些反应只会让孩子们感到更加

痛苦或恐惧，而不会让他们真正明白是怎么回事，也不能令他们从错误中学习。当孩子们发现，从大人那里只能得到这种让人恐惧的反应时，总有一天他们会去找其他人倾诉，或者干脆把自己封闭起来，什么也不说了。

孩子们真正需要的是，当事情搞砸了的时候，有人可以认真地倾听他们，接纳他们的感受，并且能够理解他们这么做的良好动机。倾听、接纳和理解能够滋养自我反省和学习。如果你能够满足孩子们的这些需要，允许他们对自己的行为做自我反省，就等于给孩子们传递了一个信息——他们是有能力和有办法的，是能够从各种情形中总结经验的。当孩子们得到了尊重和体贴的倾听，并从中感受到了这一切带给他们的放松和希望，那么下一次，他们就还会与你交流。最终，他们会全然地打开自己，倾听你的想法，征求你的建议。

··所有的行为都在试图满足某种需要··

请设想一下，如果面对孩子或者生活中的任何人，你时刻看到的都是他们行为背后的需要，你会怎样跟他们沟通和交流呢？作为人类，我们有着共同的基本生存需要，比如空气、水、食物、休息和安全感。除此之外，我们还需要爱、学习、朋友、游戏以及一定程度的自主权等。由于世界各地的人们有着相同的需要，即使生活方式、信仰、语言和年龄上有所不同，我们依然有可能理解人们行为背后的真正动机。而这份理解会令我们对他人更加同情，哪怕我们不认可他们的行为。

在"第五把钥匙"中,我们将要探讨需要列表。你也可以在非暴力沟通中心网站上找到这样一个需要列表(www.cnvc.org)。其实并没有一个权威的需要列表。我们这个需要列表里所包含的仅仅是那些对每个人都适用的最基本的带有普遍性的生命需要,不包含人们为满足自己需要所使用的各种方法或策略。

有时候,家长们不愿意听到孩子们想要什么,其中的一个主要原因也许是,他们不能理解需要和为满足需要所使用的策略之间的区别。家长们害怕,如果孩子们的愿望是玩电子游戏、买新玩具或者整晚不睡之类的,他们所能做的只能是与之抗争,或者是无奈地满足他们。

所以,我们首先明确一下:"玩电子游戏"不是一个需要,它只是满足需要的一个方法或策略。真正的需要可能包括放松、能力或者是娱乐。所谓"普遍性需要",就是指这个星球上每个人都有的那些需要。很显然,在这个星球上,一定有些人没有电子游戏也活得挺好。所以,可以很容易地断定,玩电子游戏不是一个需要。同理,每天晚上煲几个小时的电话粥以及早上上学前看卡通片也不属于基本需要之列。每天放学后和朋友们泡在一起,同样不是一个需要。

我们的日常用语常常会模糊"需要"与"策略"之间的区别。我们可能会说"我需要你吃掉西兰花",或者"我需要你现在就去洗个澡",或者会说"我需要一个iPad"。但是,让孩子吃西兰花并不是一个需要,买一个iPad也不是。吃西兰花是满足孩子们营养需要的一个策略,买iPad也是为了满足有趣、娱乐、放松或者拥有等

> 当你努力去感受爱，而不是责备或自我责备的时候，你的心就会再次敞开，并且会一直敞开。——萨拉·帕蒂森

需要的一个策略。孩子们每天吵着闹着非要不可的一些东西，大多数都是为满足需要而提出的方法或策略。

区分"需要"与"策略"是非常重要的，因为几乎所有与孩子和其他任何人的冲突、争论、吵架以及权力斗争都是围绕着策略展开的。如果父母可以带着尊重，把注意力放在策略背后的需要上，这些冲突即便不能避免也是可以被化解的。

下面这段就是典型的围绕策略展开的争吵：

孩子：我现在不想睡觉。
家长：但是你现在必须睡觉了，已经到了睡觉的时间了。
孩子：可是我还不困啊。
家长：但是如果你现在不睡觉的话，明天早上你就会很困的。
孩子：不，我不会的。
家长：是的，你会的。
孩子：不，我不会。

这样的争辩令孩子感到沮丧，他觉得没人听到他的感受。家长也觉得，孩子没有听到他们想"让孩子在特定的时间上床睡觉"的诉求。没有对彼此需要的了解和尊重，冲突就很有可能会一直持续。

如果在表达自己的需要之前，家长能够用尊重的态度先去倾听孩子的需要（就像下面给出的例子一样），就有可能获得更深的联结和相互的理解，合作的可能性也会更大一些。

孩子：我现在不想睡觉。

家长：（揣摩孩子的感受与需要）你是不是玩得正开心，还想继续玩一会儿？

孩子：是啊，我不累。

家长：所以你想等玩累了再上床？

孩子：是的。

家长：还有别的原因么？

孩子：没有了。

家长：我能和你说说为什么我想让你现在去睡觉吗？

孩子：好吧。

家长：我想让你好好休息，这样明天早上就可以按时起床去上学。我发现，如果你平日晚上超过九点还不休息，第二天早上就会很疲惫。你听明白我想要什么了么？

孩子：你想让我休息好，早上按时起床。

家长：是的。谢谢你听进去了。

当家长和孩子用这种方式相互倾听的时候，就有一种能量的交换，会自动地产生一种换位思考，令两个人都愿意找到一种满足彼此需要的方法。在这个例子里，也许孩子会更愿意很快地去睡觉，或者家长更愿意设定一个时间，允许孩子在熄灯之前安静地再玩一会。家长充满尊重地倾听，并不意味着同意孩子，更不意味着给孩子（或其他什么人）任何他们想要的东西。如果你希望摆脱与孩子之间无尽的争辩、吵架和权力之争，就去学习一下如何区分需要和

为满足需要所使用的策略吧。(参见第五把钥匙和第六把钥匙,里面有更多关于需要与策略的讨论。)

▎自我探索 ▎

无论在哪里,你都会看到人们想要满足自己需要的尝试。我们邀请你用这种尊重的视角,审视一下自己的生活,看看能否给你带来新的洞见。

当你给朋友打电话诉说一件令你烦恼的事情时,通常是想满足理解和倾听的需要。

当你的搭档在劳累了一天之后说"我不想谈这件事了",或者说"我今天什么也不想干了",可以猜到,他们需要好好地休息。

如果你的孩子全神贯注地玩拼图,你也许可以猜到,他是在满足学习或者是增长能力的需要,也没准儿是一种放松的需要。

当孩子给你讲一个笑话,也许是在满足幽默和玩耍的需要,也许是想和你建立联结。

如果你对两岁的孩子说"把玩具放下",但是他回答"不",此刻,他的需要是什么呢?

如果十二岁的女儿说,她非得要那件最新款的衣服时,她是在试图满足自己的什么需要呢?

> 生活中没有可怕的东西,只有需要被理解。——居里夫人

··孩子们总是在努力地满足自己的需要··

每时每刻,你的孩子都在努力地满足他们自己的各种需要——那是些你也有的需要。从这样的角度去理解每个行为,就会对孩子们的行为多一些尊重、理解和倾听,少一些评判和指责。

同样,你也在时时刻刻努力地满足你自己的需要。如果能够对自己的行为多一些理解,那些自我评判也就可以让位于自我尊重和自我体贴了。当更多地关注自己的需要时,就可以了解到你自己的内心最关心的是什么,你将更加容易与他人建立联结,因为无论是谁,多大年纪,我们的基本需要都是一样的。

通过持续的需要信息系统,人类就可以感受到幸福。有的时候,"需要"会大声地自我宣告:"我需要食物!"另外一些时候,"需要"好似从背后对你轻声细语:"我很困惑,我甚至不知道自己要什么。我猜想,它是不是意味着我需要清晰?"当生命给你传递了这样的信息时,你就应该赶快看看自己需要什么,并且找到合适的方式来满足你的需要。

··你要为自己的需要负责··

你当然可以问一问别人是否愿意帮助你,但是归根结底,只有你自己才是唯一能为自己的需要负责任的人。这是一个催人警醒的

也是一个强有力的信息,它意味着你永远不要指望任何人来满足你的需要。认清这一点非常重要。如果你认为其他人或者其他群体要为你的需要负责,就会有两种不幸的后果。一种是你会浪费大量的时间等待某些人来为你服务,而原本你是可以利用这段时间自己找到解决方案的。

另外一个不幸的后果是,只要你怀有这样的期望,觉得其他人"应该"、"一定"、"必须"为你做什么,人们听到的就多是命令或要求,这会让你得到帮助的可能性大打折扣。"命令"或"要求"会挑起权力之争,是快乐给予和真诚合作最可怕的绊脚石。

一起探索:人们需要什么?

人们需要什么?你为什么要做这些事?

你可以在家庭会议上征询一下家人,看看他们是否愿意和你一起探索这些问题。没有什么绝对正确的普遍性需要列表,你的需要在一定程度上可能会跟别人的有所不同。不过,如果你用下面的这个问题作为"试金石"来考察它们是不是真正的需要,就会发现,你们所找到的需要列表的相似性远远大过其差异性:"这是每个人都有的需要吗?"如果不是,它就很可能是一个为了满足需要所使用的策略或方法。

比如,玩耍是需要,而玩电脑游戏是为了满足这个需要的一个策略。学习是需要,读书是满足学习需要的一个策略。休息是需要,强迫你的孩子晚上八点上床,是为了满足孩子的休息需要或者是为了休息的需要所采取的一个策略。(参见第五把钥匙和第六把钥匙，里面有更多关于需要与策略的讨论。）

一起探索：基要列表

做一个基本需要列表，把它贴在家里的某个地方，让每个人都可以看到、使用或者补充它。这份列表提供了一个共同的需要词汇表，帮助家人建立充满尊重和理解的沟通，理解每个行为背后的动机，分享大家在人类需要层面的探索。（关于如何确认需要，请参考第三部分的"主题：家庭会议"中的"需要列表"与"需要曼陀罗"）

··感受是需要的信使··

感受在需要信息系统中扮演了重要的角色，它像仪表盘上的显示屏，显示出你的需要是否得到了满足。愉悦的感受，诸如快乐的、满意的或者欢乐的感受是在告诉你，此时此刻你的需要正在被满足。痛苦的感受，比如难过、不安和沮丧是在告诉你，你的需要没有被满足。关注自己的感受，体会它带给你的信息，将帮助你更好地了解自己的需要。关注其他人的感受，可以让你知道他们目前的状况。如果你能更进一步，就有可能了解到他们看重和需要的是什么了。

爱，不是一成不变的。爱，需要去营造，需要不断地添加新意。——厄休拉·K.勒吉恩

▌自我探索▐

回忆一下你的快乐时光，在那些快乐的时光里，你的什么需要被满足了？

回想一下你沮丧或者失望的时刻，是哪些没有被满足的需要在呼唤你的关注？

想一想那些让你的孩子感到开心的时刻，他的开心是因为满足了什么需要？

回想一下你的孩子有过的伤心时刻，他的难过是因为什么需要没有被满足？

··孩子需要倾听和理解··

如果你的孩子对他的兄弟姐妹或者对你大发脾气，那是他在大叫："我有一些需要没有被满足！"指责和叫骂只会增加孩子的痛苦。你可以花些时间带着尊重的心态认真地倾听他们的感受和需要，了解他们隐藏在痛苦背后的真正根源。孩子们（包括所有的人）渴望得到倾听和理解，期望别人了解什么事情真正在影响他们，这对他们来说，比什么都重要。

当你的孩子因为玩具被抢走而尖叫时，你可以猜测，他想得到关照或者是想拥有玩具。无论你猜没猜中他的真实需要（你可以

暗暗猜测，也可以说出来），都有助于建立你们之间的联结。但是，如果你认为孩子"应该"分享，评判他的反应是如何的不适当、如何的过度或者不成熟，你就失去了跟他联结的机会。

关注需要可以带来更加有效的行动，而无视需要的盲目行动会让你后悔莫及。如果在一天结束的时候你感到烦躁和疲惫，发觉自己在早饭之后没有吃过任何东西，那么你的需要很可能就是补充营养。明确了这个需要，你就可以给自己补充一点儿营养。反之，如果你感到烦躁和疲惫，又没有好好想清原因，就可能会随手抓起一根棒棒糖塞到嘴里，或者冲你的孩子发通脾气。

可悲的是，在我们的社会中，从感受和需要的角度去思考问题的人并不多见。多数人的"感受词典"中只有生气、难过、高兴和沮丧这几个词。我们大多数人都被教导说，有所需要反映出这个人性格中有不好的一面，说明他很"自私"或很"贪婪"。一个常见的信念是"坚强的人不需要任何东西，好人就要把个人的需要放到最后"。

那些不了解自己需要的人，那些认为"有需要让人不可接受"的人，和那些只有贫乏的词汇表达他们感受和需要的人，经常采取的都是些无效的甚至是有害的行动。

▌自我探索 ▌

回想一下有没有什么时候，你知道了自己的需要后选择去做满足自己需要的事？

你那时的需要是什么？

> 孩子们请求你，爱他，如他所是，而非总是试图纠正他。——比尔·埃尔斯

为满足这种需要你做了什么？

你的感受如何？

回想一下，有没有那样的时候，别人告诉你他们需要什么帮助来满足他们的需要，而你很愿意也有能力帮到了他们。

他们的需要是什么？

你做了什么帮助他们满足需要？

你的感受如何？

这样做，满足了你自己的什么需要？

··小　结··

所有的行为都是在试图满足某种需要，这一事实解释了为什么孩子们有这样那样的行为，也提供了一种聚焦于需要的育儿之法。通过聚焦需要，家长们可以帮助孩子们学习如何更好地满足自身的需要，为自己的需要负责。感受是需要的信使，如果家长学会了辨识感受，把感受跟它背后的需要关联起来，找到可以满足需要的策略，孩子们就会感到自己得到了倾听和理解。

▎每日练习 ▎

当你能够看到行动背后的需要时，尊重和合作就会增加。当你观察自己的孩子、你的同事或者电视节目里某些角色的时候，问一问自己："他们做那些事是在试图满足什么需要呢？"

观察你自己的行为，检视一下自己在满足什么需要。问问你自己："我这么做是在试图满足什么需要呢？"

为了培养自己对每个当下的觉知，在每天的不同时刻，停下来问问自己："我现在感觉如何？我现在的需要是什么？"

第三把钥匙　建立安全感、信任感和归属感

重要概念

- 孩子的成长需要情感上的安全感
- 你的行为影响孩子的安全感
- 从孩子的视角看问题
- 自始至终寻求联结，来维护安全感
- 培育家庭成员之间的联结，来加强安全感、信任感和归属感

孩子本身就是父母最好的礼物。父母无条件地接受和欣赏这个礼物就是在完成父母和孩子之间的亲密联结，这种联结对于婴幼儿建立在这个世界上的安全感、信任感和归属感是至关重要的。当无条件被爱和被接纳的需要在一个人的婴幼儿和孩童早期发育时期被满足后，这个信息就会贯穿他整个生命，形成自我接纳的基础："我是被别人接纳的，所以我也能接纳我自己。"

安全感、信任感和归属感的满足首先是在家里获取的，而后不断扩展到学校里的同伴、其他社团成员乃至同事和更广阔的社会中。如果能够在自己的家里得到这种无条件的接纳，孩子们就会更加愿意从父母那里学习并得到指导，而不必从家庭以外的地方寻求

> 我从来没遇到一个人，他的最大需求不是真实的和无条件的爱。——
> 伊丽莎·白库布勒·罗斯

接纳。那些家庭替代品，比如一些小集团和小帮派，通常只是那些极度渴求归属感的孩子们的最后的求助方。这种归属感的需要是如此之强烈，如果无法从家里获得，孩子们就一定会到其他的地方去寻求。

这把钥匙将向你展示如何将你的家变成孩子们的第一归属地。

··孩子的成长需要情感上的安全感··

人类最基本的需要包括对食物、水和住所以及对个人安全感的需要，这是无可争辩的。小宝宝需要干爽温暖的环境、良好的喂养、舒适的衣服以及避免各种身体伤害的保护措施，还要能够大声地表达他们的需要。然而，为孩子建立安全感与信任感要远比满足他们这些身体上的需要复杂得多。

近期，关于大脑的研究确认了以前较少认识到或者是谈到的安全感的重要性，即"情感安全"的需要。婴幼儿或者任何年龄的孩子，在经历情感安全或者健康安全的威胁时，都会变得焦躁不安和充满恐惧。在这种情况下，荷尔蒙会自动分泌，中断大脑中思考、学习、分析等区域的活动，让孩子准备自我防卫或者迅速逃离。对于那些在生活中没有安全感的孩子，这种原始的"战斗、逃跑或者卡住"的反应模式每天都会上演。如果在孩子的幼年时期，大脑中的主要部分因为情绪上的压力而关闭，他们的大脑发育、学习能力以及与他人建立良好关系的能力就会受到严重的影响。

Section II
开启合作的七把钥匙

··你的行为影响孩子的情感安全感··

被孩子们解读为"危险"的经历或者体验包括：大人们提高嗓门讲话，骂人，把一个孩子的错误跟其他孩子的成功进行比较，用惩罚或后果来威胁孩子，抓着孩子摇动他们，或者揍孩子、打屁股等。这些过激的互动方式会让孩子们质疑，跟那些整天照顾他们的人待在一起是否安全。没有这种深度的安全感和信任感，孩子们在探索世界的时候就会变得谨慎和迟疑，在面对探索和学习的机会时就会充满自我怀疑。他们会害怕发问或者冒险，只想在一个有限的、安全的小范围内做出选择或采取行动去满足自己的需要。

如果孩子们在情感上感到安全，就会在他们的世界里放松下来，兴致勃勃地去探索这个世界。他们会不断地探求、提问、冒险，用开放的心态在更广阔的范围里做出选择，去满足他们的重要需要。

约瑟夫·奇尔顿·皮尔斯（Joseph Chilton Pearce）和迈克尔·蒙蒂萨（Michael Mendizza）更将这个观点向前推进了一大步。他们认为，不仅是我们的行为，我们做事的心态也会影响到孩子。他们声称，我们的意识状态与这种意识所营造的氛围并无区别。如果一个在家里为家人准备晚饭的妈妈一边煮饭，一边为白天发生在单位里的事情怄气，还为自己花费这么多时间做晚饭抱怨不已，那么，和她一起吃饭的孩子们会从中学到什么呢？反过来，如果妈妈一边煮饭，一边唱歌，并想着做饭这件事如何让她满足了为家人服务（给家人带来美食并分享快乐时光）的需要，孩子们又会学到什么呢？

无论你做什么，孩子大多记住的都是你当时的状态——是否在有质量地生活，是否在享受快乐。

··学会从孩子的视角看问题··

孩子们希望你能看到他们是什么样的人，可以做什么样的事。作为家长，能够理解孩子们面临的挑战，并真心庆祝他们取得的成就，就是对他们的一种关爱，可以增强你们彼此间的信任。了解孩子们生命中每个成长阶段最为重要和紧迫的需要，可以帮助你意识到孩子们成长各个阶段中经历的一切，也会让你留意到眼前这个孩子所独有的真相。

了解孩子的各个发展阶段

婴儿的大脑在出生伊始并没有发育完好。事实上，目前已经确信，人类大脑的某些部分直到二十岁出头才能完成发育。所以，我们都是按照预先设定的节奏逐步发展出成年人的思考能力的。婴儿、幼童以及学龄前儿童本来就是以自我为中心的，他们是一点点地发展出为他人着想的能力的。从发育的角度来看，他们尚不懂得与他人分享玩具、耐心等待或者从他人的视角看问题，他们也无法理解十分钟或者一个小时有多长。当然，他们在这个世界上短暂的生活经验也无法让他们做出明智的选择。

如果在孩子还没有完成发育之前，就期望他们具备成年人的思考和行动能力，就是在威胁他们的情感安全，破坏他们信任你的能

Section II
开启合作的七把钥匙

力和愿望。出于对你的爱，你的宝贝会努力听从你的劝告，与其他孩子分享玩具或者去体会其他孩子的感受；可是，当他觉得自己做不到的时候就会感到困惑和气馁，因为他在试图做一件他的发育能力所不及的事。此时，无论是威胁还是收买都不能影响他的行为。这些做法只会让孩子感到无助，因为他无法按照你的要求去完成这件事。

从婴幼儿阶段到青少年时期，试图满足父母的期望，却又没有能力完成，是孩子们常常经历的体验。在孩子们的大脑和肌肉没有发育完好之前，从杯子里喝水、用勺子吃饭、穿鞋子这些行为都是难以完成的。如果你期待一个小孩子去学习阅读，在特定的身体能力和观念都没有形成之前，他也许会很兴奋也很愿意去学习这个技能。但是，如果家长们根据孩子的表现来评价或者取笑孩子，在他没能做好的时候给他贴上"笨蛋"或者是"懒虫"的标签，孩子就会感到非常沮丧。他对那些事有兴趣，他也够聪明，只是还没有准备好去做那些事罢了。

青少年经历着自己的成长阶段。他们需要大家尊重和体谅他们所面临的挑战以及走向成熟的时间表。很多父母会用一种严苛的态度对待他们看到的十几岁孩子所做的"愚蠢判断"。然而，判断力是孩子们有待增强的一种能力。年轻人的大脑需要机会去变得成熟，才能做出良好的判断。他们需要练习，也需要家长们的耐心，包容他们在成长过程中走过的弯路。

如果你能够留意到孩子成长过程中的种种迹象，在孩子准备就绪的时候稍加引导，就可以确保他们的安全感，帮助他们顺利地进入成长的下一个阶段。

> 我们越了解情绪的反应过程和工作机制，就越容易克制它。这会让我们养成一种清醒的、舒缓的和有察觉的生活方式。——佩玛·丘卓

接受孩子独特的个性和学习方式

除了具有独特的发育时间表之外，孩子们还有自己独特的个性和学习方式。你是否看到了孩子的独特性，准备接受他的本来样貌？

孩子们天性迥异。你会发现，有的个性天生比较容易相处，有的则比较富有挑战性，个中的原因很复杂。如果孩子的性格跟你相差很大，接受这种差异性就是一种挑战。比如，你喜欢阅读、园艺或者做一些安静的事情，但是你的孩子喜欢跟朋友们在一起热闹、听音乐、搞笑和成为大家关注的中心，你也许应该学会欣赏孩子这种自我表达的方式。如果孩子跟你很像，你面临的也许就是另外一种挑战——无论你转向哪里，都会看见、听见另外一个自己。

无论是哪种情况，用尊重的心态对待孩子的需要都会帮助你避免给孩子贴上那些危险的标签，比如"要求太多"、"太难管理"、"太贪心"或者"太胆小"。这些标签让你无法看清你的孩子，不能把他作为独特的个体来接受。

与独特的个性一样，你的孩子也有一套属于他自己的最佳学习诉求。一个人学习方式的偏好通常在很小的时候就会显现。如果能够足够仔细地观察，就可以发现属于他的最佳学习方式。有些孩子是听觉型学习者，另外一些喜欢通过图画和表格来学习。对很多孩子来说，一起讨论或者把所学的知识教给别人，会让学习变得更加生动有趣；但是仍然有另外一些孩子，他们是通过制作模型、作画或者表演来取得最佳学习效果。所有这些学习方式都可以被理解，也都是可以去尝试的。

仔细观察你的孩子，跟他尝试各种不同的互动模式，然后找到最适当的方法。孩子到了入学的年龄时，一定要意识到，除了学校里惯常使用的学习方法（经常是读课本、写报告、背单词）之外，还有很多其他有趣的学习方法。要为孩子创造一种学习环境，支持他成为一名成功的终生学习者。必要时，可以寻求专家的帮助。

··自始至终寻求联结，来维护安全感··

如果孩子跟身边关爱他、接纳他的成年人有很好的联结，就会生出心满意足的感觉，这种感受是滋养他健康成长所不可或缺的。

家长们告诉我们，在日复一日、瞬息万变的交互中，跟孩子建立深层联结是一件颇具挑战的事情。他们说，如果在互动中没有花时间跟孩子建立联结，其结果往往是妥协和不和，为日后争吵埋下伏笔，难过、生气、沮丧和无望的感觉会越积越多。然而，还是这些家长，他们发现，如果能够在某些关键时刻多花一些时间去倾听，试图理解孩子，了解当时的状况以及自己的感受，其结果就会释然很多。在一个颇具压力的互动上多花一点儿时间，将会使得以后处理类似的棘手的互动变得更加容易，也更加节省时间。

大多数情形下，跟孩子建立联结最快捷的方法就是用尊重的方式去倾听他，去感受他在那个时刻试图表达（无论用何种方式）和分享的感受和需要。你的孩子总是力图与你沟通两件事情：他的感受和他的需要。当然，坦诚地表达你的感受和你的需要也是建立真诚联结的一个部分。然而，为了建立最佳联结，先好好地倾听孩子的感受和需要会更有帮助。

不妨花一些心思来寻找倾听的机会。一些家长发现，在长途驾车的时候进行沟通可以让谈话更容易进行，还有一些家长会跟每个孩子特别约定，做一对一的交流沟通。当孩子确信，你总会找出时间来倾听他们，让他们有机会表达自己、倾诉自己，就会感到放松，也会少一些抱怨和牢骚。

放下怨恨

如果你正经历低潮期，感觉受到伤害，联结有时就会断开。尽快跟孩子重新建立爱的纽带是非常重要的。当你重新跟孩子联结的时候，就是在激发他的信心，让他感觉安心。告诉他，他可以做错事，大家还是爱他的，他不需要成为完美的人来获得爱。在每次争吵当中或者之后，重建与孩子的联结，不仅是在重建信任和安全的纽带，更是在强化它们。如果孩子意识到，你总是在寻求跟他们的联结，你们之间的互动就会变得更加容易，处理冲突的时间会变得更短，解决问题的办法也将会更快、更容易被发现。

孩子们重归于好的速度比成年人快得多。向孩子们学习一下吧：前一分钟他们还在伤心和沮丧中，下一分钟就无比兴奋和充满能量了。他们也许会突然地情绪爆发，但转眼就会放下，从来不耿耿于怀。他们用令人吃惊的速度忘记过去，迅速地用开放和全新的心态面对到来的一切。这份持续的来自孩子们的信任和体贴，是他们给予你的绝妙的礼物。

孩子们也渴求从你那里得到同样的体谅。然而，抓住旧伤不放是成年人根深蒂固的一种习性。这种常见的习性阻碍了家长从孩

> 倾听是一种心态，一种发自内心的渴望与他人在一起、相互吸引和慰藉的愿望。——J. 艾沙姆

Section II
开启合作的七把钥匙

子们的行为中发现积极的一面，最终也压制了孩子们自我愿望的表达。由于这种习性是我们后天从童年走向成年的过程中学来的，我们也可以选择摆脱这种习性。

跟孩子有了分歧的时候，看看自己要花多长时间才能放下评判和那些糟糕的感觉。下一次，如果又有不愉快的事情发生，看看你能不能放下得更快一点儿。不妨跟孩子们学习，把冲突看得轻松一些，好玩一些。你越专注于每个人的感受和需要，就越容易放下。

在每一个"不"字的背后听到"是"

当孩子拒绝按照你的要求做事时，你的反应将直接影响到孩子的安全感和信任感。如果孩子坚守他的立场顽固地对你说"不！"，你是否会把它当成是一种挑衅？你是否会感到生气，开始防御，并试图用说教或者惩罚的手段让他改变主意？

在育儿字典中，"不"可能是最令人紧张的一个字眼了。家长们通常会花费大量的时间和精力跟那些说"不"的孩子们交战。对很多家长来说，"不"是一个无法接受的回答，因为他们听到"不"的时候只看到两种让他们感到极其不舒服的选择。他们认为，要么必须改变自己的立场，接受"不"；要么必须想办法让孩子们改变立场，拒绝"不"。

如果家长们知道还有第三种选择，即"在每一个'不'字的背后听到'是'"，就能节省很多的时间，而无须纠结在"不"里面。要知道，孩子每次跟你说"不"的时候，实际上就是在对其他的事情说"是"。如果你肯花一点儿时间了解那些让孩子感到兴奋、有趣、快乐或者更加具有挑战的事情是什么，而不是纠结在自己的想

> 当我们意识到我们是彼此连结的时候，慈悲就是一件简单而自然的事了。——雷切尔·内奥米·雷曼

法上，就可以平息潜在的冲突，建立真诚的联结，并且清晰地展示出你的兴趣和关爱。

在下面的这个例子中，这个妈妈就听到了"不"字后面的"是"。

妈妈走进儿子的房间，此刻孩子正在读一本书：

妈妈：你爸爸出去了，这个周末我们俩有更多的时间在一起了。我们今晚一起去看场电影怎么样？

儿子：不行，我忙着呢。

妈妈：（在"不"的后面发现了"是"）看样子这本书很吸引你呢。

儿子：是啊，越来越精彩了。

妈妈：（意识到孩子需要有自己的选择、放松与独处的时间）就是说，你今天晚上更愿意继续读书了。

儿子：是的，说不定我能一口气看完呢。

妈妈：（并不放弃自己的需要）我还是想和你一起看场电影，或者做一些好玩的事情。要么，另外找一个晚上，你觉得怎么样？

儿子：好吧。周日晚上如何？我想，到时候我肯定已经看完这本书了。

想象一下，如果这个妈妈把孩子的"不行，我忙着呢"视为一种拒绝，会发生什么呢？她可能会说"可是，你明明有时间干别的事情啊"，或者"你觉得哪个更重要，是一本书重要还是你妈妈重要？"，或者"我没有给你提什么大不了的要求啊"。这样，妈妈可能就失去了跟孩子的联结，也失去了跟孩子在一起看电影的欢乐时光。

下一次，当孩子说"不"的时候，看看你能否听到孩子在对什

么需要说"是"。听到"不"后面的"是",就可以既保持与孩子的联结,又可能看到满足你自己需要的最佳途径。

··培育家庭成员之间的联结,来加强安全感、信任感和归属感··

如果你想改善家人之间的沟通,就需要一个合适的场所让家人定期地练习他们的技能。在改善你跟孩子之间的日常互动、滋养你们一对一关系的同时,"举办家庭会议"可以帮助你构建和谐家庭。

举办家庭会议

家庭会议是指专门预留出的可以长达几个小时的家人聚会,大家可以在一起规划家庭活动,分担彼此的担心,确认每个人的感受和需要,找到满足需要的方式,庆祝个人成功,设立家庭或者个人的目标,盘点家中物品,寻找解决问题的方案。

在家庭会议上达成的约定应该让每个人都感到安全和可以被信任。家里的每个人都要提出看法,说说"家庭会议怎样开才能让自己有安全感"。可以把大家提出的这些要求整理出来,在每次会议开始之前读上一遍。以下是家长们和孩子们跟我们分享的一些策略:享有参加会议只听不说的权利;给别人建议或忠告之前先要征求人家是否想听,确保会议中没有谩骂、威胁、批评、责备和大声叫喊。(关于如何召开家庭会议、达成共识和享受家庭活动,请参见第三部分的"主题:家庭会议"。)

··小　结··

除了要有身体上的安全感,孩子们还需要情感上的安全感才能建立对这个世界的信任,确信这是一个欢迎他们的世界。家长们的行为和反应将在很大程度上影响孩子们的情感安全。当家长学会从孩子的视角看问题、积极寻求和加强跟孩子的联结、努力创建一个滋养家庭和谐的空间时,孩子们才会感到放松,才能自由地探索和享受他们的世界。

▌每日练习▐

留意你的行为和反应。问问自己,这种行为能够给孩子带来情感上的安全感和信任感吗?

留意一下,有多少时间是你在说,有多少时间是你在听。找时间做更多的倾听。

在跟孩子的互动中,问问自己:"我是在加强我们的联结吗?还是别的什么?"

练习听"不"字背后的"是"。注意孩子什么时间说"不",好好看看,那个时候孩子是在对什么需要说"是"。

给予使他人成为给予者，令双方共同分享生命带给他们的快乐。给予的行为就是生命活力的展现。——埃里克·弗洛姆

Section II
开启合作的七把钥匙

心律的共鸣

神经放射学针对身体发育的一项研究表明，婴儿对于成人心律的感知和共鸣既表现出一致性，又表现出不一致性。① 气恼、挫折和生气的感受会导致失调和不一致性，② 而感激、快乐、同情和爱会引发协调和一致性。一个人的心律可以改变另一个人的心律。③ 因此，父母的情感反应，即使不用语言表达，也会影响孩子的情感反应和行为。④ 养育者的情感状态以及他们提供给婴儿养育与照料的质量，将直接影响婴儿大脑的发育，以及其他一些关乎孩子茁壮成长的因素。

---

① 参见西格尔和哈策尔（Siegel and Hartzell）的《从内到外的养育之道》（*Parenting from the inside out*）。
② 参见奇尔德和罗兹曼（Childre and Rozman）的《心脏数学的方案》（*The heartmath Solution*）。
③ 参见皮尔斯（Pearce）的《生物学的超越》（*The Biology of transcendence*）。
④ 见注①。

第四把钥匙　激励给予

重要概念

- 给予是人类的基本需要
- 你和孩子们有很多的礼物可以相互给予
- 接受孩子的礼物
- 慷慨地给予你的礼物
- 从孩子鲜活的礼物中学习

合作，或者说一起工作，表示所有参与者都有可供分享的东西。孩子，即使是在很小的时候，也有跟父母亲分享的能力，这种能力令人惊喜和愉悦。学会辨认孩子送给你的礼物，培养用感恩之心接受这些礼物的技能，可以满足你和孩子关于奉献的深层需要，这一切将大大影响你们的自我肯定。

··给予是人类的基本需要··

孩子们有着为你以及整个家庭的幸福奉献自己的需要。为此，作为父母，首先要去激励这种给予精神，帮助孩子明白他们需要分

> 鸟儿歌唱不是因为知道答案，而是因为心里有歌儿。——玛雅安·吉罗

享什么，以及用什么方式分享才可能被更好地接受。激励"给予和接受"意味着主动珍惜相互间的交换，积极地帮助孩子们找到适当的方法在给予的河流中贡献一己之力。丢给孩子们一堆家务，要求他们在给定的时间内完成，并不能激励他们的给予，威胁、惩罚或奖励也同样不行。

给予是在没有胁迫的情形下自然发生的。事实上，给予也许是我们最大的快乐之源。在家庭生活中，体现在简单行为上发自内心的给予比比皆是：父母一夜夜地起来安抚和喂养他们的新生儿；一个孩子带着他在学校亲手制作的包扎得五彩缤纷的礼物急匆匆地飞奔回家，兴奋地把它放到爸爸最喜欢的椅子上；家人们聚集在厨房一起做晚饭。

··你和孩子们有很多礼物可以相互给予··

每一个人，包括孩子在内，都拥有丰富的资源可供大家分享，比如好的点子、天赋、技能以及来自业余爱好的成果。一些人能带来歌声，一些人会带来菜园里的蔬菜，有些人会做饼干，还有人能分享他们的诗词或画作。即使把这些个人技能和天赋都放到一边，我们也还有一些可以给予的东西：时间、能量、关注、倾听，甚至是一个微笑。有人生病了，你守护在他的房间里陪伴他，就是一种帮助，所以分享时间就是一个礼物；家里有人需要干一个大的活计，你给他搭把手也是一个礼物；朋友遇到困难了，关注和倾听是一个礼物；孩子们难过或者害怕了，抱一抱他们有时候就是一个礼物。

从出生的那一刻起，新生儿就给这个世界带来了他们的独特礼

物：他们的温暖、微笑和充满信任的凝视。所有不同年龄的孩子都在不断地为我们送来他们的游戏精神、欢笑、求知欲、诚实、情感和幽默。如果家长们可以辨识出这些礼物并接受它们，孩子就会在成长过程中了解到自己是多么有力量的给予者，并体验到他人接受自己礼物时的快乐。

孩子有这么多的礼物送给我们，为什么我们却常常听到家长们抱怨自己的孩子在家里做得太少？有很多的因素妨碍了孩子们的奉献：很多人不认为他们有什么可以奉献的；家长们常常意识不到这种奉献需要自愿付出；还有些家长们习惯关注负面的东西，不懂得花心思肯定孩子们做出的正面奉献。很多家长会依照自己的时间表规定了孩子"应该"在什么时间和采取何种方式奉献什么。

下面这个例子，介绍了一位家长是如何用心分辨并接收到儿子给予他的礼物的。

这位爸爸正在忙着给自己和六岁的孩子乔希穿衣服，他们需要尽快出门，这样乔希才不会迟到，爸爸也才能够及时赶到公司上班。该穿袜子了，乔希却开始在床上蹦来蹦去，兴奋地想要给爸爸讲一个他刚刚编出来的笑话。爸爸立刻感到脑袋发胀，他几乎要脱口而出了："好了！没时间讲笑话，我们必须出发了。马上！"好在他立刻觉察到了自己的紧张情绪，忍住了，没有这么做。他知道，这么说只会让两个人更加紧张。停了一下，他做了个深呼吸，然后说道："乔希，我看得出你有多么兴奋，多么想给我讲这个笑话，而且我也真的很想听。我喜欢和你一起开心大笑。如果你能在我放松并且能够专心听你讲话的时候告诉我这个笑话，我会很高兴的，比如在车里，怎么样？我们快点穿衣服，赶紧到车里讲笑话去，好

> 我们能够留给孩子最棒的礼物不是我们的财富，而是让他们看到自己的财富。——斯瓦希里谚语

吗？"乔希照着做了。虽然在生活当中使用这种方法并不总是像这个例子中描述得那么容易和顺利，但是如果可以花些时间接受孩子的礼物，而不是把孩子推到一边，从长远来讲总是有效的。

▌自我探索 ▌

列举出孩子给予你的礼物。

1. _____
2. _____
3. _____
4. _____
5. _____
6. _____
7. _____

··接受孩子的礼物··

欣然地接受孩子的礼物是父母给予孩子的另外一个礼物。带着发自内心的谢意和真诚的欣赏接受一份礼物，是一种在给予者与接受者之间的善意的沟通。

为他人的幸福奉献一己之力的需要就好像我们身体的肌肉一样，需要不断地使用它，不然就会退化。不经常锻炼，肌肉会松弛直至萎缩。如果给予的礼物不被认可和接受，孩子们就会感到失

落，渐渐失去给予的愿望。

留意到孩子们的自发行为并把它们当作礼物去接受，你的孩子就不再会认为礼物就是专门从商店里买来的那些东西。在一个将财富与金钱画等号的社会中，年轻人经常会以为，如果没有很多钱去买东西，就是没有给予能力的，是没有用的。如果你能认可和感激孩子们的慷慨给予，他们就会在成长中把自己看成是有能力的给予者。当他们的礼物被很珍视地接受了，他们自然就有可能学会辨识和欣赏你给予他们的各种礼物。

通过一些方法，你可以让孩子知道，你收到了他们的礼物。比如，你可以跟孩子分享收到礼物的感受以及它带给你的满足感，"你今天早上出门上学的时候，给了我一个大大的笑脸。我感到非常开心，我喜欢这种情感联结的瞬间"。

▎自我探索 ▎

想一想你发自内心的给予方式。写下来，你可以通过哪些方法或者有哪些东西给予他人（不需要花钱的）。

列出你从他人那里收到的礼物（不需要花钱的）。

共同探索：庆祝礼物

邀请家中每一个成员写下或画下自己所能给予他人的礼物。可以相互帮助回忆出这些礼物。把这些礼物清单整理到一张纸上，或者每张纸上只写一个礼物及其相关说明。把这些礼物清单装订成

给予令施予者和接受者相连，这种连结诞生了新的归属感。——迪帕克·乔普拉

册，并给它取一个名字，比如家庭礼物册。之后又想起哪些礼物时，可以随时补上。让这本小册子成为感激之源，也提醒着家中每一个成员所具有的奉献能力。

共同探索：感激便条

把第三部分中的"主题：丰盈生命之体验"中的感激便条复印几份并且放在饭桌附近。

在吃饭前填写这些小纸条，并且把它折叠放入孩子的纸巾中。

·· 慷慨地给予你的礼物 ··

"生活中最棒的东西都是免费的。"它们是不需要花钱的。更重要的是，它们是没有任何附加条件的无偿给予。这种不期望任何回报、没有义务或责任、没要内疚或恐惧的慷慨给予，也会激励他人的慷慨付出。这种自愿交换的结果将带给给予者和接受者最大的快乐和最真诚的联结。

如果期望任何回报，这种快乐就会大打折扣。如果掺杂了责任，像"你必须给予"、"你应该给予"，也无法建立发自内心的联结。

如果发现自己有些怨恨，很可能的是，你的给予已经不那么简单和纯粹了。或许，你过度地承诺了，需要收回一些；或许，你认为应该邀请或者雇佣别人去做你正在做的一些事；再或许，是你对所做事情制定的标准过高，让你无法从容应对。

> 世界上最艰苦的战争是，你夜以继日地努力让自己成为别人，而不是你自己。——E. E. 卡明斯

▌自我探索▐

回忆一个特别的给予时刻——你发自内心地给予别人，仅仅是因为你想这么做。

你给予了什么？

你的给予满足了他人的什么需要？

你的给予满足了自己的什么需要？

当你仅仅因为愿意而给予的时候，感觉如何？

▌自我探索▐

回忆一个特别的给予时刻，你给予别人是因为你认为"应该"给予。

你给予了什么？

你的给予满足了他人的什么需要？

你的给予满足了你自己的什么需要？

当你认为"应该"而给予的时候，感觉如何？

▌一起探索：发自内心的给予▐

家庭成员轮流分享他们在一天中无条件给予他人或者自己的那些时刻。

> 孩子需要被欣赏和珍视，而不是被管教。——丹尼尔·J.西格尔

讨论这样的给予满足了接受者的什么需要，又满足了给予者的什么需要。

把"给予事件"画下来，跟他人分享你的画。

留意给予的各种方式。

留意当你发自内心愿意给予时的感受。

··从孩子鲜活的礼物中学习··

从某种意义上说，孩子们对你生活的引领跟你对他们的引领差不多。我们相信，孩子们来到父母的生命中，就是这些父母灵感的源泉，他们时时地提醒着家长们，生活可以是多么的生机勃勃和多姿多彩。这个世界对于孩子们就是一个巨大的实验室，他们就是这个实验室中极其认真的探索者。跟他们一起做实验，向他们学习，因为孩子们能够唤起你对生活深深的热爱。

孩子们在这个世界里嬉戏探索着，欢快而惊叹地高声欢笑着。他们不停地向我们发出邀请。接受这份邀请吧，带着你的活力和你的意愿踏入他们的世界，如同你期待他们走进你的世界一样。让孩子们成为你的眼睛和耳朵。想象一下这种感觉：第一次走过沙地；第一次尝试把握骑在单车上的平衡；用望远镜观测天空；拨动雏菊的花瓣然后感受花朵的轻轻摇曳；第一次听到飞机轰鸣；听到风的呼啸或者乌鸦的叫声。让孩子们的惊叹成为你的惊叹吧，他们愿意

> 非暴力沟通不是为了改变别人，让人们按照"我们的方式"行事。它建立了一种基于诚实和倾听、最终令每个人的需求得以满足的人际关系。——马歇尔·卢森堡

也期待着跟你分享这一切。

十几岁的孩子会让你想起曾经在社交场所经历过的痛苦和尴尬，而这些就是他们此刻正在经历的；他们会让你记起过去的家庭作业是多么无聊，而第一次赴约又是多么让人兴奋和胆怯。你的孩子正全身心地生活在这个阶段，如果你允许他不断地提醒你曾经的少年生活，就是在跟他们当下的生活建立联结，跟他们的心建立联结。

··小　结··

为他人的幸福贡献一己之力是人类的一种基本需要，孩子们也不例外。当家长们能够辨识并接受孩子给予他们的这些礼物时，就是在激励孩子们奉献的天性。孩子们总是在给予，给予他们的活泼可爱、他们的欢声笑语和他们的爱。家长们被邀请来接受这些宝贵的礼物，并且从中学习。

▎每日练习▎

留意并感谢孩子们给予你的礼物。

找到某些方式，让你的孩子感受到自己是一个强有力的给予者。

留意你的给予时刻，看看是发自内心的慷慨给予还是有条件的给予。

第五把钥匙　使用尊重的语言

重要概念

- 记住你的意愿
- 留意沟通中的"流"
- 给出没有评判的观察
- 联结感受和需要
- 提出"可执行的"请求
- 全身心地倾听

有多少次你对孩子说了些什么,但随即希望自己从来没有说过?

你有多经常这样说:"我不是这个意思!"或者"我也不知道这个话是从哪里冒出来的!"

你有多少次突然意识到:"这怎么听起来像是我妈妈气得发疯时说的话!"

语言很重要!言语可以煽动和引燃冲突,也有能唤起尊重、增进理解和激励合作的力量。好的消息是,如果你愿意学习一种新的语言艺术,没有评判、批评、责备或命令,而是用尊重的态度关注孩子的需要,就可以大大地增强你跟孩子建立联结的能力。

> 我们的语言习惯反映了我们对这个世界本质的理解。——尼尔·博斯曼

这本书所论述的一切都是围绕着如何创建新的思考、倾听和行动的方式，使得你能够更加自觉地用充满尊重的方式使用语言。这把钥匙将特别为你介绍"非暴力沟通"（Nonviolent Communication, NVC）提到的几个沟通元素。学习这些技巧可以在以下几个方面帮助到你：你将能够把评判、批评、责备和命令的思维方式转化为用充满尊重和慈悲的心态去看待和思考一切。你也将学习到如何带着尊重倾听他人，又如何用诚实和尊重的方式表达你自己。

这种尊重的语言有很多其他的名称，比如"非暴力沟通"、"爱的语言"、"有效沟通"或者"生命之语"。在这里，为了让学习变得有趣，我们又把它叫作"长颈鹿语言"。用长颈鹿做比喻是因为它有一个大大的心脏（26磅重）和一个可以让它看得很远、很广的长脖子。与此对应的，是那种带有评判、指责、批评、挑错和命令的语言，我们称之为"豺狗语言"。请记住，这里用长颈鹿和豺狗做比喻只是为了方便和有趣，它们是指两种不同的思维，而不是用来表明有这样两类人。任何一个人都很容易受到豺狗式思考、倾听和讲话的影响；同样，任何一个人也都可以开始学习使用一种新的增进联结和充满尊重的语言。（关于豺狗与长颈鹿的更多说明，请参见第三部分的"主题：长颈鹿与豺狗游戏"）

··记住你的意愿··

在进行沟通表达时的遣词造句很重要。但是，"意愿"在沟通中仍然起到90%的作用。如果没有明确而有意识地联结意愿，即使

Section II
开启合作的七把钥匙

是最有技巧的精心准备的表达，听起来也都是空洞的或者是有操控欲的。请记住，使用长颈鹿语言进行沟通唯一的意愿就是，通过尊重和关心每个人的需要，与他人建立真心的联结。

你可以用如下的问题检查自己每次互动中的意愿：

我现在是想建立联结呢，还是想证明我的正确，让别人服从我呢？

如果你一心想证明自己的正确，并想让别人按照你的方式行事，就是还没有准备好与他人建立联结。（参见本部分中的沟通流图）

▎自我探索 ▎

用你自己的话写下你的意愿。

你想跟孩子建立什么样的关系？

下一次跟孩子的互动，你的意愿会是什么？

花些时间慢慢地滋养你的意愿。对很多人而言，保持自己的习惯，不假思索地应对日复一日的跟孩子以及其他人的互动是一件极为方便的事。如果能够养成一个时常滋养自己意愿的习惯，将能够帮助你在繁忙的日常生活中更经常地记起你的意愿，在你最需要的时候就能派上用场了。

学习和练习长颈鹿语言有助于滋养你的意愿。另外一些可以帮助你滋养意愿的方法包括：在每天早晨新的一天开始之际，提醒自己的意愿；在紧张的沟通过程中做个深呼吸，倾听自己；在大自然中放松自己；读些励志的书籍；冥想；祈祷；歌唱；跳舞；写作；作画。

沟通流图

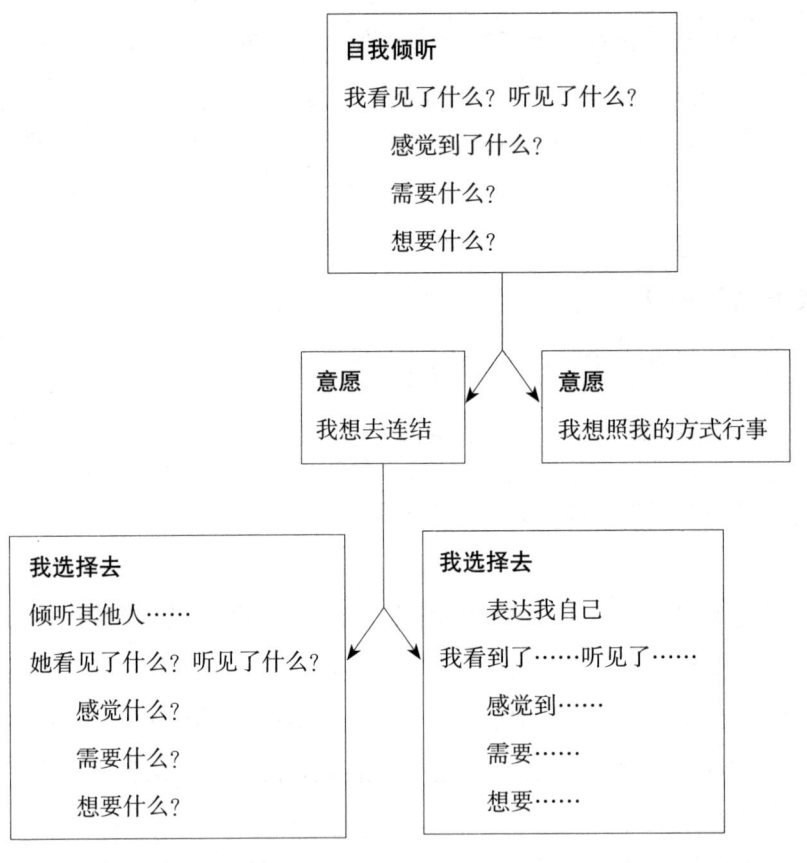

> 我渴望生命中的关爱,那种发自内心相互给予的心灵的交流。——马歇尔·卢森堡

··留意沟通中的"流"··

任何对话中都存在着一个"流":有的时候你在说,有的时候你在听。如果你能不时地抽离出来,就会留意到谁在讲话,谁在倾听。你有留意到吗?当你和孩子同时说话时,其实是谁都没有听到对方。为了让你们都可以被听到,其中的一个人需要时不时地停下来,去倾听。长颈鹿语言将向你展示如何能够做好如此重要的倾听,又不必放弃表达自己。

当你能够意识到沟通中的这种流时,就有更多的选择去聚焦你的注意力。你可以选择用以下三种方式进行互动:用心体会你自己的感受和需要;全身心地体会他人的感觉和需要;诚实地表达你的感受和需要。长颈鹿语言建议,把你的注意力聚焦到最有可能建立联结的地方。

举例来说,如果女儿已经非常沮丧,听不进去任何话了,当你能够用心倾听她的时候,最棒的联结就会出现。如果你自己已经难过得无法倾听她的感受和需要了,想要建立联结,就需要首先用心体会一下自己到底怎么了。

长颈鹿语言不仅帮助你发现应该关注哪里,还能清楚地指导你关注什么。下面列表中有三项内容:(1)给出没有评判的观察。(2)联结感受和需要。(3)提出可做的请求。接下来的几页里将逐一介绍这些元素。这里只是一个简要的概述,另外还有很多需要学习和实践的内容。更多的相关资源,包括图书、磁带、视频和讲座,可

以查询 www.cnvc.org 或 www.NonviolentCommunication.org。

长颈鹿式的表达

我尽可能诚实地表达我的观察、感觉、需要和请求。

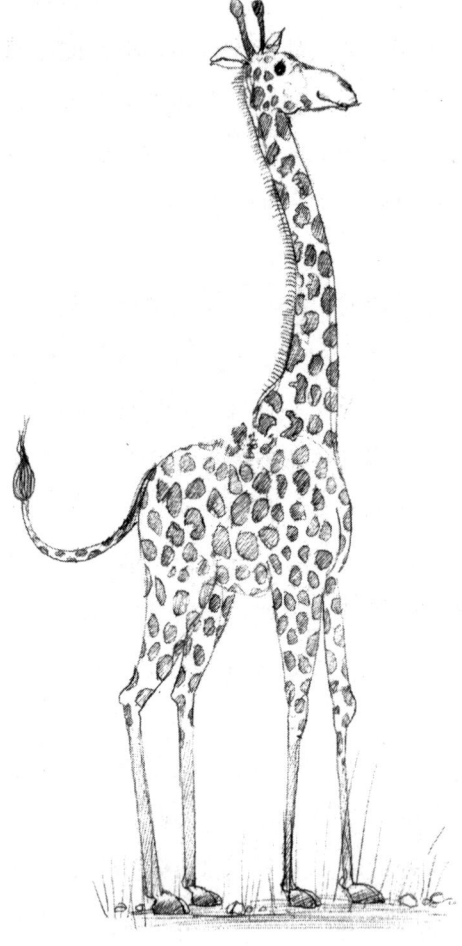

观察　我描述我所看到和听到的。
当我听到……

感受　我诉说我的感受。
我感到……

需要　我表达我的需要。
因为我需要……

请求　我请求那些预计可以满足我需要的东西。
现在我想要……如果你愿意……的话

长颈鹿式的倾听

我对你的观察、感受、需要和请求做出最好的猜测。

观察　我猜想你看到和听到的。
　　　当你看到 / 听到……

感受　我猜想你的感受。
　　　你感到……

需要　我猜想你的需要。
　　　因为你需要……

请求　我猜测怎么能够帮助你
　　　满足你的需要。
　　　这会儿你想要……

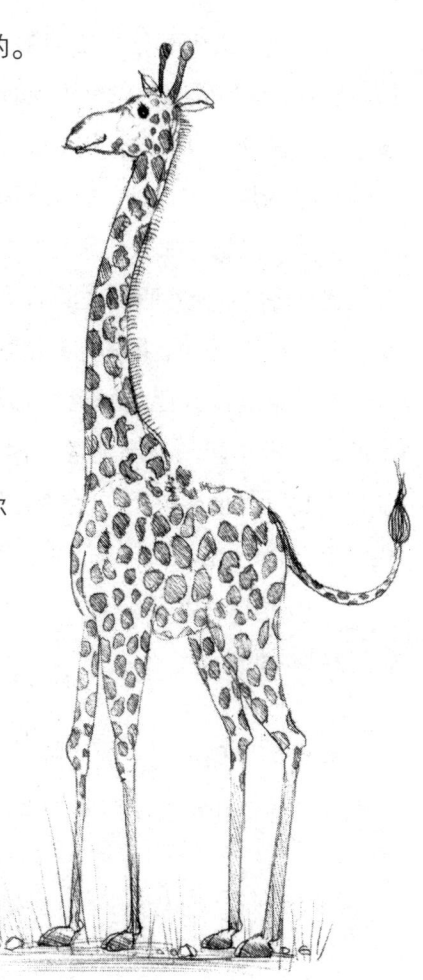

> 没有评判的观察，是人类智力的最高形式。——J. 克里希那穆缇

··给出没有评判的观察··

长颈鹿语言中表达自己的第一步就是如实地描述出你在对什么做出反应。你所具有的没有评判的观察能力，会很大程度上帮助你跟孩子建立联结。如果你对儿子说："你今天早上表现得很粗鲁。"他听到的可能就是一句批评，就会有抵抗的情绪，要么与你争论，要么一言不发。但是，如果你只是对所发生的事情做出没有评判的观察，孩子就有可能更愿意听你说的话。一个没有评判的观察会用这种方式表达出来："今天早上我和你打招呼的时候，你的眼睛看着别处。"

为了培养没有评判的观察能力，可以把自己设想成是通过摄像机的镜头看东西。准确地说，你都在那里看到（或者听见、记得）了什么呢？当你能够使用生动的和没有评判的观察时，就迈出了与孩子建立联结的第一步，打开了进一步对话的大门。

▎自我探索▎

想象一下你听到下面的陈述会有什么反应。请记住，说话人的声调和肢体动作也有一定的含义。

"你从来都不听我的。"（评判）

"我跟你讲话的时候，我看到你在看书。"（单纯的观察）

"你太懒了。"(评判)

"现在十点了,你还没有起床。"(单纯的观察)

"你不负责任。"(评判)

"你说过今天晚上要给狗喂食,可我发现狗罐头没有打开过。"(单纯的观察)

需要一览表

我们都需要:
乐趣
玩耍
学习
选择
滋养身体
空气,锻炼,食物,保护,休息,性的表达,住所,触摸,水
与自己的关系
成就,确认,真诚,挑战,清晰性,能力,创造力,正直,了解自身的天赋,意义,隐私,自我发展,自我表达,自我价值
与他人的关系
欣赏,归属感,分享生命中的快乐与悲伤,亲近感,社区,关怀,情感安全,同情,诚实,相互依存,友善,爱,互相扶持,安慰,尊重,分享礼物和天赋,支持,对别人有影响,信任,理解,温暖
与世界的关系
美丽,与自然接触,和谐,激励,秩序,和平

我们无意在这里做一份终极的完整的需要列表，我们鼓励你继续添加并完善它。

感受一览表

当需要被满足	当需要没有被满足
舒服的，丰富的/完整的，满足的，自在的，放松的，安全的	**不舒服的，**不自在的，恼怒的，不安全的，悲惨的，尴尬的
精神焕发的，焕然一新的，精力旺盛的，警觉的，放松的，活泼的，强壮的	**疲倦的，**筋疲力尽的，困倦的，呆呆的，虚弱的，模糊的，呆板的
有意思的，好奇的，兴奋的	**没有兴趣的，**无聊的，枯燥的
高兴的，开心的，充满希望的，感激的，欣喜的，活跃的，愉快的	**伤心的，**不开心的，失望的，沉重的，孤单的，悲观的，沮丧的
平和的，冷静的，清醒的，满足的	**紧张的，**担心的，困惑的，紧绷的
有爱的，联结的，温暖的，开放的，温柔的，友善的，喜爱的	**疯狂的，**气愤的，恼怒的，挫败的，难过的，怒气冲冲的，敌对的
感恩的，感激的，感谢的	**烦心的，**失望的，苦涩的
好玩的，冒险的，活泼的，有雄心的，刺激的，跃跃欲试的	**害怕的，**畏惧的，犹豫的，震惊的，恐惧的，担心的，可怕的，卡住的

这份感受清单只是一份有待扩展和丰富的有关感受的词汇表的起点，我们建议你和家人继续为它增添新的词汇。更多、更全面的感受词汇清单可以参考《非暴力沟通》（马歇尔·卢森堡著）一书，或者访问非暴力沟通网站的感受清单 www.cnvc.org。

··联结感受和需要··

在没有评判地观察之后,要表达出你的感受与需要。对于需要的觉察是长颈鹿语言的核心。请记住,是需要将我们联结在一起,因为无论你是什么年龄、习惯和种族,也无论你是家长还是孩子,需要对于每个人都是一样的。当你把专注力放在需要上的时候,无论是表达还是倾听,都会更好地促进理解与联结。

感受是需要的信使。当需要被满足时,你会感到快乐、兴奋和满意;而悲伤、忧虑、沮丧或恼怒的感受则是在告诉你,你的某些需要没有被满足。瞧,这是一个多么棒的系统啊,它总是可以帮你导向你的需要。感受,也同样会帮助你指向孩子的需要。从这个角度来看,所有感受传递的信息都是有帮助的。

你的感受根植在你的需要中,孩子的感受也根植在他们的需要中。当你女儿的安全感没有得到满足时,她就会感到害怕。当她对友情的需要没有得到满足时,就会感到孤独与悲伤。当成就感得到满足时,她就会感到兴奋和骄傲。长颈鹿语言会帮助你表达出感受的真相,以及引起这种感受的原因。请注意,感受从来都不是由他人引起的,所以在长颈鹿语言中不会用"你使我快乐"或者"她惹我生气"这样的说法。

长颈鹿语言对关于"谁该为感受负责任"表达得非常清楚:当使用长颈鹿语言表达时,你会说"我感到 _____,是因为我需要 _____"。当倾听孩子(或者任何其他人)时,你可以猜测他们的感觉与需要:"你感觉 _____ ,因为你需要 _____ 吗?"

我感到放松,是因为我需要理解,而且我得到了理解。
我感到忧虑,是因为我需要确信你会很好的。
我觉得非常感激,是因为我需要支持,而你正在给我支持。
你感到沮丧,是因为你需要倾听吗?
你感到难过,是因为你想要在这件事上有更多的选择吗?
你感到高兴,是因为你可以玩上一整天吗?
(参见第二把钥匙,那里有更多对于感受和需要的介绍)

转换愤怒

出现极度的厌烦、强烈的恼怒特别是愤怒的感觉,通常意味着多种想法混杂在一起,让你的感觉火上浇油。这些想法其实都来自你的信念,你确信别人正在对你做什么,或者别人"应该"做什么。你和孩子们可以通过转换愤怒的能量辨识出产生愤怒的那些想法,以及听到愤怒背后的需要来学习转化愤怒。(关于如何一步步地转换你的愤怒感,请参见第三部分的"主题:丰盈生命的体验"中的"转化愤怒"。)

··提出"可执行的"请求··

当你了解自己的需要并且能够表达出它们的时候,就可以提出明确的请求,告诉别人你想让他们如何帮助你满足你的需要。

Section II
开启合作的七把钥匙

长颈鹿语言会指导你如何明确地告诉别人,现在采取什么样的具体行动可以帮助你。一个有效的请求必须是"可执行的"。下面的三个例子就是三个"可执行的"请求,它提出了具体的时间表和具体的行动。

"你是否愿意花上十分钟时间帮助我收拾一下卧室?"
"现在,你是否愿意和我来一次头脑风暴,我们一起想个办法,看看怎么帮你记住饭前洗手这件事?"
"我正在打电话,你是否愿意在接下来的十分钟小点儿声音?"

下面这些例子就是"不可执行的"请求:

"你就不能看看房子里有什么需要做的吗?"
"你能从现在起记住饭前去洗手吗?"
"你可以多为别人考虑一下吗?"

如何区分想法和感受

表达感受是非常简单的,只用几个字就可以了,比如:我感到伤心,我感到忧虑,我感到激动,我感到快乐。感受是长颈鹿语言中最重要的元素,但在豺狗语言中几乎看不到它。豺狗语言是用头脑讲话,刻意避开一个人内心的顾虑和脆弱。它几乎总是聚焦在想法、观点和评判上。有时候它会套用感觉的模式来表达,给人一种错觉和假象,比如说"我觉得这不公平"。但是"不公平"不是一个描述感觉的词，它是一个想法，表达的是一种评判。在下面这些豺狗语言的例子中，请注意，虽然使用了"我觉得/我感觉"这样的词，但是我们并不知道说话人的真正感受是什么：

"我觉得你不为别人考虑。"

"我感觉我是无关紧要的。"

"我觉得这样不对。"

在上面的例子中，与其说"我觉得"，还不如用"我认为"更加准确。当你明确了自己的想法之后，它所带来的感受可能也就清晰起来了：

"当我认为你不为别人考虑的时候，我觉得很生气。"

"当我认为我无关紧要的时候，我感到难过和生气。"

"当我认为这样不对的时候，我觉得很生气。"

注意，下面这些短语中虽然含有"感觉"在里面，但是实际上它们想要表达的是一种想法、判断或评估：

"我感觉好像……"

"我有一种感觉……"

"我觉得这……"

"我感觉就像……"

"我感觉你/他/她/他们……"

把想法当成感受会招致愤怒

那些让人生气的想法经常会以感受的面貌出现，比如人们会说"我感到被操纵了"或者"我感到被侮辱了"。

可是,操纵和侮辱并不是感受,它们是想法,是你认为其他人在对你做什么。更加准确的说法应该是:"我认为你在操纵我。当我有这种想法时,我感到愤怒!我还感到伤心和害怕。我希望可以信任你,可以相信你是关心我的。"

以下这些用词都是让人生气的想法:抛弃,攻击,责怪,背叛,步步紧逼,批评,羞辱,欺骗,忽视,侮辱,恐吓,无用,遗忘,辜负,操纵,误解,疏忽,高人一等,有压力,贬低,拒绝,敲诈,抑制,威胁,欺骗,不加理睬,不予重视,视而不见和被利用。

请求 vs 要求

你是怎么知道你提出的是一个请求,而不是一个要求呢?表达出你的需要,提出"可执行的"请求,会让孩子更愿意帮助你,满足你的需要。不过,有时你提出请求的时候,你的孩子刚好要满足其他需要,他们就可能对你的请求说"不"。你的感受和你接下来说出的话,将显示出你提出的到底是一个请求,还是一个要求。如果听到"不"的时候感到很不开心,你也许提出的就是一个要求。倘若你提出的是一个请求,就可以接受"不"的回应,并把它作为建立联结的一个契机。(在第三把钥匙中介绍了更多关于如何听见每一个"不"字背后的"是")

··全身心地倾听··

倾听，就是用尊重的心态去理解其他人正在经历的事情。需要全身心地去体验那份内在的感受和需要，暂时把自己的判断、观点和恐惧放在一边。全身心地倾听是需要练习的，因为我们经常不自觉地想要给出建议、说教和安慰。这样的一些非倾听式的回应（Non-empathic response）虽然不能说是不好的，但是经验告诉我们，人们首先并且最最需要的，尤其是在痛苦的时候，是全身心地倾听他们。这就是为什么长颈鹿语言建议我们首先要倾听。

你可以倾听他人，也需要倾听自己。很多情况下，为了能够全身心地倾听他人，首先需要倾听自己。

自我倾听

长颈鹿语言鼓励你养成一种经常性的自我审视的习惯，看看自己身上正在发生的一切，关注自己持续变化的感受和需要。当你能够这样做的时候，就是在满足你的自我联结和自我尊重的需要，就会感到更有活力、更活在当下。你会发现，自己将更多地处于富有成效、精力充沛并心满意足的状态中。

··长颈鹿式的自我倾听··

我对自己说：我的观察/感受/需要/请求……

我描述我看到和听到的：
当我看到/听到……

我诉说我感觉到的：
我感到……

我诉说我需要的：
因为我需要……

我自己决定，用什么来满足我的需要：
现在，我请求自己去……

> 倾听就是去尊重和理解他人所经历的一切。我们往往急不可耐地给人忠告或安慰,并解释自己的立场或感受。然而,倾听要求我们清空我们的头脑,全身心地倾听他人。——马歇尔·卢森堡

当你感到痛苦的时候,比如难过、受伤、担心或者生气的时候,如果能够停下来跟自己的感受和需要做一个联结,通常就可以满足安慰、理解和倾听的需要。当你感觉困惑的时候,倾听自己的想法和内在的对话会让你的心情更加清晰。

当你感到愉悦的时候,比如快乐、激动、高兴和满意的时候,自我倾听可以让你在私下里确认和庆祝那些被满足的需要。无论何时,当你能够确认自己的需要得到了满足,就是在建立自信心,相信自己有能力在未来满足自己的需要。

自我倾听的例子:

当我想起今天自己用了那么大的嗓门跟孩子讲话的时候,就觉得很伤心和沮丧,因为我没有跟他们建立我想要的联结,也没有满足我对于尊重的需要。

当我看到既要专注工作又要照顾家庭对我是多么困难的时候,就感到担心和忧虑,因为我需要保持健康和随时应对那些要紧的事情。

倾听他人——共情

比任何事情都重要的是,孩子渴望被倾听。专注于他们的感受和需要的倾听是共情的核心。倾听他人,与他人共情,就是跟他共处当下,是你给出的一份礼物——没有判断、分析、建议、故事或者任何想要修复的动机。如果能够全身心地倾听你的孩子,你就能够听到他们的感受和需要,即使他们的话听起来像是在批评、责备或评判。

Section Ⅱ
开启合作的七把钥匙

对于倾听的回应不在于你的言辞。事实上，它常常是无声的。如果用语言表达出来会更有帮助的话，一定要试着用猜测而不是陈述的口吻来表达你对他感受和需要的理解。揣测或猜测，显示出你对他人的尊重，因为你从来都无法确知别人的感受与需要。带着尊重的猜测应该是这样的："你觉得很沮丧，是希望这个拼图再简单一点儿吗？""你感到担心，是想要确认你是安全的吗？"

猜得对与不对并不重要，重要的是你真心实意地对孩子发生的一切感兴趣。花一点儿时间，暂时把自己的事情放到一边，全然地跟孩子所发生的一切待在一起，是一份金子般的礼物，也是一条毫无疑问的通向联结的路。

非倾听式的回应（Non-Empathic Response）举例

这里有一些常见的、非倾听式的回应的例子。如果你想建立联结，这样的回应通常很难满足你想联结的需要：

忠告："我认为你应该……"
怜悯："这太糟了，他没有权利对你做这样的事。"
安慰："一切都会变好的。"
纠正："这真的没有那么费劲儿。"
教育："你可以从中学习。"
解释："我没想这么做，可是……"
评价："如果你不是这么不小心的话……"
修复："能帮到你的是……"
询问："你感觉如何？你什么时候开始有这种感觉的？"

> 细心的爱就是倾听孩子并与之交谈——跟他们生活在一起,而不是在一边指手画脚。——内尔·诺丁斯

压人一头:"你应该听听在我身上发生的……"
总结:"别担心,马上就结束了。"
讲故事:"你的故事让我想起了曾经……"
同情:"你太可怜了。"

··总　结··

学习长颈鹿语言就好像学习一门外语,需要不断地学习和实践才能熟练掌握。一开始,当你越来越多地意识到你的语言习惯,并开始实践的时候,会感觉有点儿笨嘴拙舌的,很尴尬。有时候,你甚至可能会怀疑自己没有可能改变旧有的说话和倾听习惯。这个时候我们希望你能够记住,学习一门新语言,即使只记住一点点也会有助于沟通,何况你每天有很多的机会去学习呢。长颈鹿语言的另外一个奇妙之处在于,只要一个人学会去运用它,就可以化解与他人的冲突,建立心与心的联结,并激励合作。

▎每日练习▎

请留意你在沟通中的意愿。你是想建立联结?还是想证明自己的正确,让别人照你说的去做?

留意沟通中的"流"。是谁在倾听?

一天中时常检查你的感受和需要。

所有一切都是在持续探索和创造的过程中。生活的目的在于发现那些有效的而不是正确的东西。——玛格丽特·惠特利

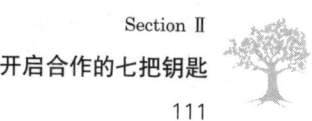

　　观察你的孩子或者其他人所做的事情，练习将你的观察与评论区分开来。

　　练习非暴力沟通语言中充满尊重的语式：我感觉……因为我需要／你感觉……因为你需要／他感觉……因为他需要。

　　练习提出具体的、当下的和"可执行的"请求。

　　培养你对他人感受和需要的好奇心。静静地自问自答：他现在的感觉是什么？他的需要是什么？

第六把钥匙　在成长中学习

重要概念

- 无论发生了什么，你都能处理
- 你和孩子可以合作，一起做出决定，一起解决问题
- 有很多满足需要的方式
- 有效的方法值得庆祝
- 从无效的做法中总结经验

你是否有过这样的体验，当你终于搞定了喂养新生儿的一系列琐事时，诸如半夜起床喂奶、换尿布，以及上午的小睡，突然之间就面临着照料学步幼儿的挑战了？你好不容易获得的喂养新生儿的技能仅仅几个月后就过时了。眨眼间，你的小宝贝就已经4岁大了，你再次陷入一系列新技能的学习中，需要应对一系列的新挑战。

孩子们成长的每个阶段，直至青春期的整个过程（甚至以后），都需要你学习新的习惯、创建新的体系、找到新的方法，以帮助孩子们学习和茁壮成长。这个过程并不会因为你养育了更多的孩子而变得轻松。孩子们的成长是如此之快，家长们根本都来不及去真正掌握他们所学到的大多数的新技巧，况且两个孩子出生的间隔又是

> 我们从来不会做什么错事，也从来没做错过，将来也不会。如果我们当时学到了如今的这一切，就不会那么做了。——马歇尔·卢森堡

Section II
开启合作的七把钥匙

那么的长，长到让人足以忘记那些自认为已经掌握了的技巧。

当孩子们不停地发生着颠覆性改变的时候，很难让你对这样的挑战充满信心。你根本不知道你想传给他们的那套东西能否传得下去，或者能否被他们接受。若想充满信心成功地应对这种持续的变化，而不至于陷入自我批评和自我怀疑，家长们就需要学习：①在成长中学习；②跟你的孩子合作，一起做出决定，一起解决问题。

··无论发生了什么，你都能处理··

对于父母而言，规划孩子成长的每一个阶段、预测每一个变化、为每个变化做好万全的准备是不可能的。因此，"在成长中学习"不仅是合理的，也是与孩子同步成长所必需的。"在成长中学习"意味着你要学习拥有这样一个信念：无论发生了什么，你都能够处理，相信事情总会解决。"在成长中学习"是以理解"你跟孩子一样，都要在生活中学习"为基础的。当你意识到办法总比困难多的时候，你就会释然。事实上，面对问题我们总会有很多的解决方法，如果一个方法不奏效，就可以选择另外的方法。"在成长中学习"是告诉你，要保持觉察，关注细节，用开放和接纳而不是评判的眼光去看待事物。"在成长中学习"鼓励你放弃那些僵化的思想，例如"只能这么去做"某件事，人们"应该"去做特定的事情，或者"某人一定要赢，某人一定要输"。"在成长中学习"就是坚守这样的信念：没有失败，只有需要面对的新状况。

·· 你和孩子可以合作，一起做出决定，一起解决问题 ··

在成长中一起学习，是因为你和孩子可以成为非常棒的合作伙伴，你们可以共同规划、决策，解决孩子日常生活中面对的各种问题。孩子们有很多好主意，并且非常乐于分享。他们是顽皮的、有趣的、滑稽的、开放的和互动的，也是天马行空的思考者。他们渴望参与家中的大事小情，帮助出谋划策。共同学习，意味着你确信两个人的智慧胜过一个人，因为这样得到的结果最有可能让大家都满意。

合作解决问题的一个挑战是，你需要放弃管理和控制与孩子生活相关的各项事宜的冲动。如果你能够意识到"办法总比困难多"，或者说"满足需要的方法比需要多"，就会更容易放弃你的掌控。跟孩子们一起研究方案、规则和方法的时候，你们的选择只受限于你们对状况的理解、你们的经验以及你们所具有的创造性的想象力。如果能够从问题和担忧上抽离出来，把目光放到养育孩子的各个方面，你们就能够一起用更加有趣和开放的方法找到解决方案。它的精髓是："让我们一起看看这个状况，看看每个人从中需要什么，然后我们一起想办法满足每个人的需要。"（请记住，孩子们想要的很多东西，比如电子游戏、苏打水、名牌运动鞋，都不是需要，而是为了满足需要采取的策略。在"第二把钥匙"中有更多的关于需要与策略的介绍。）

跟孩子共同研究、共同创造，意味着冒险以及放弃很多的"应

Section II
开启合作的七把钥匙

该"。比如，孩子可能会对洗碗有个新建议：家中每个人都要清洗自己用过的盘子、杯子和餐具，剩下的炒锅和饭锅由两人一组轮流清洗。他们对这个建议感到非常兴奋，可是这却跟你习惯了的洗碗方式完全不同。还比如，如果孩子建议大家都在睡袋里睡觉怎么办？（他们会说，床单和毯子太乱了，也太大了，每天整理起来很费劲。）这也完全不符合你对躺在床上睡觉的想象啊。你是否愿意撤离你的"舒适区"，让孩子们热情地参与一下呢？

我们鼓励你为孩子们提供机会，培养他们的合作能力，发现可以满足每个人需要的策略，从而增强他们的自信心。为了练习技能并帮助他们走向成功，可以开始试着在家里一起做一些相对简单的决定：

计划如何度过上午的时光。
规划一下，下午按什么顺序去做那些杂事。
策划一顿晚餐。
策划一次聚会。
策划一个节日晚会。

▎自我探索 ▎

你会和孩子在哪些方面有合作？

在哪些方面你能够设想更多的合作？

想象着，如果达到了那样的合作状态，你会有什么感觉？

··有很多满足需要的方式··

满足我们的各种需要是生活中的头等大事。你想把正在做的事情变成是一项家务琐事还是一个快乐体验呢？满足需要是琐事还是乐事，很大程度上取决于你对这个世界的看法：这是一个富足的充满选择的世界还是贫瘠的缺乏选择的世界？

无论承认与否，此刻大多数正在阅读本书的读者都生活在一个富足的世界里，因为你的每一个需要都可以通过很多的方式来满足。你可以选用作画、雕刻、跳舞、歌唱等不同的方式来满足你表达创造力的需要；也可以用阅读、看电影、听音乐、与他人沟通或者安静的思考等不同的方式来满足你学习的需要。如果你的需要是为家庭生活做贡献，那么你可以采取的行动包括洗碗、扫地、准备晚餐、在桌子上摆放装饰品或者倒垃圾。如果你的需要是快乐，同样有很多的方式可以满足这个需要。

▎自我探索▎

选择一个需要（可以从"第五把钥匙"中的需要列表，或者第三部分的"主题：长颈鹿与豺狗游戏"中的"感受与需要卡片"中选取），找到多个不同的满足这个需要的方式。如果你肯花一些时间仔细考虑一下这些不同的方式（或者把它们写下来），你也许会发现哪些方式最有效。也许，你还能够找到更多的值得一试的方式。

▎共同探索：需要和策略 ▎

在需要列表或者"感受与需要卡"中（参见上文介绍）选取一个需要，一起探索可以满足这个需要的方法。把找到的方法罗列出来，然后一起讨论这些方法的有效性。同时，还可以看看是否有新的可以尝试的方法。通过这个活动，可以帮助我们意识到有多种途径可以满足我们的需要。

如果一种方法无法满足你的需要，可以尝试另外的方法。每天都有无数的机会让你去尝试和改善满足自我需要的技巧，也有无数的机会让你帮助孩子们改善他们的技巧。通过日复一日地跟自己和孩子们耐心地练习，就可以不断地创造、发明和领悟新的满足个人需要的方法，也能通过合作满足彼此的需要。

我们认识的一个妈妈学过营养学，很在意为家庭提供健康的食物。她是个厨艺高超并富有创意的厨师，乐于给丈夫和儿子准备餐食。除了在家里准备健康的小吃之外，她愿意每天晚上六点为家里人准备一顿温馨可口的正餐，所以希望自己的丈夫和儿子调整好时间，以便家人可以共进晚餐。但是，往往到了六点，晚餐已经摆到桌子上的时候，儿子还在忙着自己的事，不愿意中断过来吃饭，这让她在一段时间内非常沮丧。后来，妈妈认识到，虽然她非常喜欢大家坐在一起的感觉，但这并不是让家人吃上健康食物的唯一方式。于是她采取了另外的策略，即在厨房的一个抽屉里放满健康小吃，并在冰箱的一个隔层里储存一些果蔬食物诸如胡萝卜、芹菜和苹果。如果她的孩子过于专注自己的事情而错过晚餐，可以自己解决。

> 只有在个体差异被欣赏、错误被包容、沟通够坦诚、规则很灵活的氛围中,自我价值感才得以绽放。——弗吉尼亚·萨提亚

不需要争吵和战斗,建议你使用下面介绍的步骤,跟你的孩子在成长中共同学习。

在成长中学习的步骤

1. 确认你自己或者孩子需要满足的需要。
2. 选择一个能够满足这个需要的策略。
3. 尝试这个策略。
4. 评估这个策略,看看它在满足需要方面做得怎么样。
5. 完善这个策略,或者尝试其他的策略。

··有效的方法值得庆祝··

当你的策略有效、需要得到满足的时候,不妨借机庆祝一下。人类的天性似乎总是喜欢关注负面,所以花一些时间去留意那些以你希望的方式发生的事情是非常重要的,去感受你的快乐、满足和开心。花点儿时间去庆祝成功,可以让你的收获久久地留存在你的记忆中,也是建立自信的强有力的方式。

跟孩子们一起庆祝那些有效的方法,是另外一个跟他们建立真诚联结的好机会。花些时间去倾听他们取得成功的感受以及他们做了些什么满足了自己的需要。"哇!你看上去非常高兴,很为自己骄傲,是吧?你一直待在那儿拼图,到底把它琢磨出来了!"

当你持续地引导孩子们关注他们的感受和需要的时候,就是在

支持他们的内在驱动;让他们意识到,他们所做的一切都是在满足自己的需要,而不是为了取悦他人、获得奖赏和逃避惩罚。同时你也在教给孩子如何评估自我需要的满足,而不是寻求他人的评判。

▎了解你自己 ▎

回想一个你今天的成功故事:一件让你成功地满足了自己需要的事!你做了什么?

它满足了你的什么需要?

静下心来庆祝一下。当你知道这个方法奏效的时候,感受如何?

▎共同探索:庆祝成功 ▎

轮流分享你们在本周取得的成功。

·· 从无效的做法中总结经验 ··

当某个办法不奏效的时候,你可能会说:"咳!我犯了一个错误。"然后开始自我批评、自我怀疑,甚至自我惩罚。实际上,所谓的错误只是那个为了满足需要所采取的办法没有如你所愿发挥作用而已。与其玩这种自我惩罚的游戏,评判这个错误有多糟糕,不如跟自己的感受和需要重新联结,修补或者调整一下你的策略,争

> 不可思议的是，只有在成长、改革和变化中，才能找到真正的安全感。——安妮·默洛·林德伯格

取一个更加满意的结果。

如果你害怕犯错误，就会丧失尝试新事物的机会。你就不能自由地去探索、体验和游戏。与其在错误之后自我责备和自我评判，还不如从无效的做法中学习，继续前进。

从无效的做法中学习的步骤

观察：你说了或者做了什么让你后悔的事情？
留意：对于这件事你跟自己说了什么？你在自我评判吗？
提问：你是在试着满足自己的什么需要？
提问：怎样才能更加有效地满足这些需要？
提问：有没有什么需要已经被满足了？
请求：你现在想做什么去满足你的需要？

·· 总　结 ··

无论面对的是什么，只要你愿意成为一个学习者，跟你的孩子在成长中共同探索、一起解决，就一定能够搞定它。记住，做事有很多种方法，如果一条路不通，可以尝试另外一条，直到找到对你适合的方式。记得庆祝你取得的成功，并从无效的做法中总结经验。

> 在对与错之外,有一片田野。我和你在那里相见。——鲁米

▌每日练习▐

留意一下你产生焦虑的时刻,看看它们是否是由于你觉得某件事"必须"做或者某件事"应该"用特定的方式完成而引发的。留意你的判断、呼吸,并跟你的深度需要相联结。当你关注需要的时候,是否会想到某些可以满足这一需要的策略?

留意一下,看看你和孩子是否被某些特定的策略困住了。看看你是不是会常常用到这样的一些表达:"我必须这样做","我就是要","你得去做这件事"。检视一下,你是否会下意识地认定你和孩子的某些需要只能通过某个策略来满足?看看有没有其他的策略可以满足这些需要。

当你或者孩子做的某件事情成功地满足了你们的某项需要的时候,找机会庆祝一下。

当你或者孩子所做的某些事情没有成功时,花些时间去感受失望和难过的情绪,然后用"从无效的做法中学习的步骤"带着自己走出来。

第七把钥匙　让你的家成为"无错区"（No-Fault Zone）

重要概念

- 选择将冲突视为要解决的问题
- 确信你的需要可以得到满足
- 相信需要可以引出解决方案
- 用合作化解冲突
- 把"战区"变为"无错区"

从第一把钥匙到第六把钥匙，我们已经逐步向你展示了如何将你的家打造成一个"无错区"。

下面是"无错区"的一些特点：

每个人都试图用善意理解他人的行为。
每个人都确信，所有人的需要都会被考虑和关照到。
每个人都学着关注需要，而不是批评或指责。
大家共同合作，为彼此创造更加美好和快乐的生活。

如果你的家能够变成"无错区"，就会减少大概90%的冲突。

Section II
开启合作的七把钥匙

为了处理剩下 10% 的冲突,我们愿意在这里分享一种新的看待冲突的视角。我们还会谈论处理冲突时的一些选择,并给出一些合作化解冲突的特别建议。提升"无错沟通"(fault-free interaction)的能力是一个需要不断练习的过程,生活中的有些时候你可能会保持这种能力,有时却可能做不到。在那些做不到的时候,我们会给你一些提示,帮助你重新忆起你的育儿目标以及合作互动的初衷。

·· 选择将冲突视为要解决的问题 ··

冲突听上去不是什么好事,所以大家都觉得应该极力避免。家长们通常会认为,是他们或者他们的家庭出了什么问题才引发了冲突。然而,有人的地方就会有冲突,就好像走在门厅里的人会不小心相撞一样。一起学习如何与他人协商处理这种情况,将会很好地帮助你和你的孩子,同时也将有益于你一生的关系处理。

无论在世界的哪个角落,最为常见的家庭冲突通常都与日常琐事相关,比如起床时间和睡觉时间、分享玩具和分担家务,在商店里该买什么以及早上什么时候穿什么出门等。从长颈鹿的视角来看,这些都是有待去解决的难题或者问题,而解决之道在于讨论,而不是争论和战斗。从更加理性的角度来看,这些不同的意见和冲突都是家庭成员重新评估和认识他们选择的机会,也是从彼此身上更多学习的机会。

看到将生活中的分歧看成冲突而不是有待解决的问题的根源是

> 只有建立新的模式去淘汰现存模式，改革才能真正地发生。——巴克敏斯特·富勒

你内心的恐惧。更准确地说，是对担心"不能满足自己的需要"的恐惧。这种恐惧会很快引发怒气（或者其他的紧张情绪）、防御或者攻击。如果家庭中的每一个成员都相信她/他的需要会被关照到，那些围绕着各种互动产生的恐惧、紧张、气愤和防御等情绪就会消失。只有这样，你才会把分歧看成是有待解决的问题，把它当成是深化家庭成员间联结的机会。所幸的是，只要一个人能够保持信心，坚持实践书中所介绍的技巧，坚信"关照每个人的需要可以解决分歧"，这些冲突就能够被有效地避免。通过培养你的技巧，并在家庭生活中秉持这份信心，你就能够在你的家里成为那个减轻恐惧，避免、减少或者化解冲突的人。

下面的故事是一个很好的例子，它讲述了一个父亲如何通过聚焦儿子和他自己的需要，没有任凭恐惧转化为愤怒，而成功避免了冲突。

戴尔是一个正在实践非暴力沟通的父亲。一天下班刚刚回到家门口，他四岁的儿子史蒂维就蹦蹦跳跳地过来迎接他。史蒂夫抓住爸爸的裤腿，叫喊着"爸爸，爸爸，来和我玩吧！"几乎是立刻，戴尔甩开儿子拉开了距离。他的声音明显地透着紧张："现在不行，爸爸累了。一会再和你玩儿。"感觉到爸爸的抗拒，孩子开始上蹿下跳地闹着。戴尔温柔而坚定地重复着刚才的话："我说过，现在不行。一会儿再和你玩儿。"

然后，戴尔停了下来。他意识到自己此刻的感觉是何等的紧张，而且拒绝史蒂维充满急切与渴望的游戏邀请让他也有些伤心。他知道这不是他的初衷，他做了几个深呼吸，放松了一下，去感觉自己的感受和需要："嗯，我感到害怕。我担心没有机会洗个澡放松

> 人类头脑中最具毁灭性的元素就是恐惧，恐惧制造了攻击。——桃乐茜·汤普森

一下。我需要保护自己，转换一下我的能量，放松下来。我其实是很想跟史蒂维建立联结并一起玩耍的。"跟自己做了这样一个联结之后，戴尔转向儿子，提议道："嘿，史蒂维，看得出你是真的很想玩，而我也很愿意跟你玩。但是我需要换件衣服整理一下。不如这样，我们先在沙发上一起坐五分钟，你来告诉我这一天过得怎么样。然后我去换洗一下，之后再陪你玩。你觉得怎么样？"史蒂维回答说："这要花多少时间啊，爸爸？"戴尔回答："估计要十五分钟吧，我们来计时，怎么样？"

在一些情况下，可能会需要比上面这个例子更多次的交流才能跟所有的人达成共识。然而，在这里，戴尔能够与史蒂维进入到一种解决问题的交流模式而不纠结于冲突，是问题转化的关键。当戴尔留意到自己对于休息的需要得不到满足的恐惧时，他做出了一个选择：与其继续恐惧下去，不如放松一下，看看自己到底是怎么回事。于是他发现，除了需要放松，他还有与史蒂维建立联结的需要。他愿意满足跟史蒂维联结的需要，也愿意让他玩得更开心一点儿。戴尔知道，在这个世界上有多种可以满足需要的方式。所以，没有花多少时间，他就摆脱了自我保护的姿态，提出了一个双方都可以接受的建议。

当你不知道如何满足眼下的所有需要的时候，就会感到困惑、沮丧或者纠结。然而，正是因为你认为这些需要是无法满足的，你的恐惧、恼怒或者绝望的感觉才会变得更强。面对问题，那些坚信"办法总比问题多"的家长通常会更快地摆脱恐惧的情绪。即便他们一时还没有找到解决方案，也能尽快地放松下来。当家长们放松下来，相信解决方案就在眼前的时候，孩子也就会放松下来，确信

总是可以找到让人满意的方案的。

··确信你的需要可以得到满足··

是什么让你常常无法确信自己的需要可以得到满足呢？如果你曾经积累了很多无法满足的需要，这样的体验也许就会让你怀疑，你的需要是否真的能够被满足。然而，当你开始学习对自己的需要负责，每天用行动去满足自己的需要时，信心就会增长。当你掌握了越来越多的可以满足需要的技巧时，恐惧、气愤和自我保护等反应就会逐渐平息。

孩子们对于自己的需要能否得到满足也存在着同样的恐惧，这些恐惧经常招致愤怒和自我防御。跟孩子们一起确认需要并找到可以满足它们的方法，可以在很大程度上缓解他们的焦虑，避免冲突。

你越是有信心——相信可以满足自己的需要，并能帮助孩子们满足他们的需要，你对家人的情绪化反应就会越少，这种经验有着惊人的益处。你将超越行为的表面，看到那些令你害怕或者恼怒的行为背后的东西。你可以更好地理解自己和孩子，可以在更多的时候表现得更加稳定和平静。孩子们的表现可能跟从前无异，但是你看到的和听到的已经大不相同，这使你可以聚焦他们的需要，而不是对他们的行为做出习性反应。

如果孩子们相信他们的需要对你很重要，也会更加放松，更少地出现习性反应。他们无须摆出防御的姿态，提防父母用高压手段

> 武力无法维系和平，只有理解才能实现真正的和平。——艾伯特·爱因斯坦

胁迫自己做事。随着这种信任的建立，你将会体验到一种奇妙的惊喜：你的孩子将会乐意跟你合作，满足你的需要，找到在一起和谐生活的方式。

··相信需要可以引出解决方案··

要记住，在这个充满无限可能的世界，有无限种策略来满足你的需要。如果你和孩子或者任何人看不到这个事实，冲突就会产生。你也许会感到烦躁、焦虑、恐惧，直到你看到了解决方案，或者直到你重拾解决问题的信心。

就像我们所理解的，当某个需要突然冒出，你一时看不到满足这种需要的可能性，害怕自己根本无法满足这个需要的时候，冲突就会产生。

有一种常见的家庭冲突是，一个人想把音乐播放器的音量调大，在音乐中放松一下，而另外一个人想安静地休息一会儿。还有一种常见的冲突会出现在孩子们一起玩耍的时候，一个孩子想荡秋千，另一个想玩牌。还比如，在计划庆祝家庭节日的时候，一个家庭成员想要一起出去，而另外一个想要待在家里，冲突也会产生。很多的时候，如同这些例子里所显示的，双方的需要其实是完全一致的，比如在这些例子里，他们都需要休息、玩和庆祝。

虽然不是在每个案例中大家都有一样的需要，但是有一点是肯定的，那就是导致冲突的不是需要本身，而是为满足需要所采取的策略。当你深信这个宇宙有着丰富的资源，能够满足需要的方法有

多种可能性时，就会发现，你完全不必惊恐万状地死抱着自己最喜欢的方法不放。

··用合作化解冲突··

在你感到恐惧或者有其他强烈情绪的时候，"选择跟孩子建立联结和合作"可能是离你最遥远的一件事了。的确，在这样的一些时刻，你体验到的可能只是第二章所描述的"情绪绑架"。强烈的情绪淹没了你的思维；大脑失去了理性，思考功能消失了，留给你的只有高度紧张的感觉；你有一种为了你认为你所需要的东西不顾一切的冲动；完全忘记了除了跟随你的冲动之外，还有其他的选择。我们想在这里跟你回顾一下，在任何场景下都确实存在的几种选择。你可以将这张列表贴在什么地方，让你在经历"情绪绑架"的时候看得见它，提醒你所拥有的选择。

冲突时的三个选择

1.你可以选择去证明你的正确性，无论如何也要照你的方法去做。

这个选择经常会导致你采用高压手段来得到你想要的（具体的手段包括暴怒、争论、打斗、生闷气或者走开和拒绝交流）。这些行为非常容易招致眼下或者以后的冲突升级。

2. 你可以忽视它，希望一切很快过去。

如果你不喜欢冲突，认为这样不会让你变得更好，或者看不到任何能让事情变好的处理方法，就很可能想一走了之，希望事情自行消失。有些时候，你的确可以不去插手，事情可以自行解决。但是更多的时候，冲突不会自己走开，同样的冲突还会再来，而且更大、更复杂，也更加难以解决。

3. 你可以秉持你的初衷，寻求联结和合作。

如果你有联结和合作的意愿，就会努力理解在这个状况下每个人的需要，并且平等地对待所有的需要。你将同他人一道找到满足彼此需要的最佳解决方案——使每个人都感觉不错的方法。

很显然，前面的两个选择都不会带给家长们想要的结果。但是，如果你不了解或者忽视第三种选择的话，那么这前两个做法其实就是家长们每天在做的选择。

··把战区变为"无错区"··

当你发现自己带着情绪进入了跟孩子们（或者任何其他人）的"战区"，也就是你感到心烦意乱、害怕、生气，或者做一些诸如提高嗓门、争论、责骂、责备这样的事的时候，我们希望你可以记得还有另外的一个地方供你停留——"无错区"，一个更富有成效并能让每个人感到满意的空间。只要记住有这样一个空间的存在就可以帮助你改变处理问题的方向了。

为了进入那个不同的、更加平静的空间，请按如下步骤行动：（1）首先，按下暂停键，不要做任何会让你后悔的事情。（2）接下来，采取任何可以让你重获平静的手段：做几个深呼吸，出去走一走或者跑一会儿，做瑜伽，或者找朋友倾诉一下。（3）而后，尽快与你的感受和需要建立联结。如果你感到生气，找到那个让你生气的想法，因为它是让你生气的根源和助燃剂。感受一下自己的感觉，确认一下是什么需要在急迫地唤起你的关注。（4）最后，重新跟你的意愿和目标联结（就是在"第一把钥匙"中你所发现的与孩子互动的目的和意愿）。从那里开始采取你的下一个行动。

当你的孩子变得紧张失去控制的时候，你也可以指导他们用同样的方式转移他们的能量。在他们情绪放松的时候，或者在家庭会议中，可以一起一步步走过这些步骤，也可以选取一些能够帮助你们恢复能量的活动一起探索，如此，你和孩子将会越来越多地让自己的行为处于有意识的选择中。（第三部分的"主题：丰盈生命之体验"中的"解压"、"充电"和"转化愤怒"的练习，可以帮助你自己转换情绪，放松下来。）

当情绪高度紧绷的时候，把跟冲突有关的沟通暂时搁置，等到自己的情绪平稳、善意回归时再做处理，确实是一个明智的做法。然而，当一个人平静下来，变得开心以后，这种沟通往往会被忘记或被无限期地搁置，因为没有人愿意破坏美好的氛围，再去讨论冲突。其结果往往是，问题根本没有被触及，不久之后甚至会以一种新的更加激烈的冲突出现。如果你选择暂时搁置跟冲突有关的讨论，请记住，稍后要找到一个大家都感觉比较轻松和自在的时刻重

新提起，这样就有可能创造富有成果的交谈结果。

如果简单的交谈不能让你建立所希望的联结，冲突再次出现时，第三部分中介绍的两个强有力的过程，可以帮助每个人都被关注到，引导每个人回到相互理解和尊重的交流中。其中，"自行解决冲突"是一项可以独自进行的活动，另外的"长颈鹿式调解"活动，则需要第三方的协助。上述这些以及其他一些和平解决冲突的活动可以在第三部分前部的"活动列表"或者本书前部的"图表与活动"中找到。

··小　结··

创建一个"无错区"，人人都会来到这里。

如果你能够设想一个充满尊重与合作的地方，那么你就正在创建它。如果你深深地渴望联结与和谐，那么你就正在带来这一切。一旦你选择了这些作为你创建一个家的目标和动机，你就能一步步、一天天地将你的想法付诸实践，去实现它们。本书中的七把钥匙，加上相关的练习和活动，可以释放你内在的创造力。我们将这个充满尊重与合作的地方叫作"无错区"。当然，你也可以赋予它其他的名字。

在这里，每个人都会试图理解其他人行动背后好的理由；在这里，你和孩子都深信，你们的需要都会得到考虑和关照；你们会用充满尊重的方式关注需要而不是批评、指责和惩罚。在这里，大家协力让彼此的生活变得更加有趣而精彩。

十三世纪的波斯哲学家兼诗人鲁米将这个地方描述为"超越了对与错的田野"。如果你创造了这样一个无错的空间,无论是一片田野还是一个城堡,人们都会纷至沓来,因为这也是他们心向往之的地方。你的家将会成为孩子们乐于停留的地方。每一个致力于创造相互尊重与合作的家庭的父母,也在共同创造一个和平的可持续发展的世界。

Section III
家庭活动以及来自"无错区"的故事分享

Section III 内容简介

第三部分提供了大量的游戏、活动和故事,为的是让学习的过程变得生动有趣并充满激励,也为了帮助大家培养更多的能力。为了方便这些活动的检索,我们在这一部分开始之前给出了所有活动的一览表,你也可以在本书开始的部分查看图表和活动列表。

主题：长颈鹿文化与豺狗文化

标　　题：长颈鹿语言与豺狗语言简介

在任何一种文化中，语言都承载着某种观察、思考、表达和倾听的方式。长颈鹿语言表达和支持的是以真诚、悲悯和相互尊重为核心价值的文化，它所彰显的是全世界范围的各种精神传统所推崇的爱。

然而，数千年来，人们一直学习和使用的语言却让这种尊重与合作的关系变得愈加困难，为这个世界带来了大量的痛苦，包括每天在家中引发的冲突。

豺狗语言

用豺狗来象征这种惯常的语言，是因为豺狗奔跑起来总是贴着地面，其视野非常有限。当用豺狗语言来思考和说话的时候，人只能根据很有限的选择来做事情。比如：

给人贴标签：你太刻薄。她很爱发号施令。他很蠢。我很懒。

评判：我是对的。你是错的。我们是好人。他们是坏人。

责备：都是她的错。你本来应该……都怪我。

拒绝选择：你非得……你不能……我无法……他们让我……

下命令：你要是不按我说的做，你会后悔的！

豺狗语言远离了内心的联结与合作，切断了人们与自己以及与他人的联结。然而，如果没有其他的沟通模式，人们也许只能把这一切当成天经地义的做法。

长颈鹿语言

这种有爱的语言有很多名字：非暴力沟通（Nonviolent Communication, NVC），爱的语言（Compassionate Communication），生命的语言（Language of life）。它也被称为"长颈鹿语言"，因为长颈鹿是陆地上心脏最大的动物，它的长脖子还可以带给它更远、更广的视野。

我们所说的长颈鹿的视角，也包含它的远见和胸怀，是思维和感受的一个整合。使用长颈鹿语言的人，能够看到满足需要的多种方法，他们伸长脖子，对自己的状态保持坦诚，问自己想要什么，并且倾听他人的感受和需要。

很多NVC讲师使用长颈鹿和豺狗的玩偶和耳朵来阐明关键区分，这些玩偶和耳朵可以用于角色扮演，使得学习过程变得更加生动和直观，给学习过程带来很多乐趣。但是，在NVC课程中不是必须使用玩偶和耳朵，虽然大多数的小孩和成年人都很喜欢它们。不过，很多10~18岁的青少年可能会觉得这些太过孩子气。

长颈鹿和豺狗只是为了形象和方便地比喻两种思维方式，而不是给人们打上两种不同的标签。我们都有像豺狗一样思考、倾听和诉说的倾向，同时又都可以开始学习爱与尊重的长颈鹿语言。

测试你在使用哪种语言？

长颈鹿语言	豺狗语言
肯定选择 我选择去 / 我想去 / 我能去 有很多满足需要的方法	**否定选择** 我不得不去 / 我必须去 / 我不能 只有唯一的办法
活在富足的世界里 分享让我们富足 每个人的需要都可以得到满足 有你也有我	**活在匮乏的世界里** 这样不够分 我们无法满足每个人的需要 有你无我
观察和表达 我看到 / 我听到 / 我记得	**评估和评判** 这里发生的是 你也太……了 他很刻薄。她太粗鲁
为自己的感觉和需要负责 我感觉……因为我需要……	**责备他人／责备自己** 我感觉……因为你……
请求你想要的 这是我想要的 如果你愿意	**给出要求** 你必须…… 如果你不……
全身心地倾听 你感觉……吗 因为你需要……吗	**选择性听取** 建议，讲道理，忠告，争辩，修理，分析

你希望使用哪种语言？

主题：家庭会议

标　　题： 凝聚共识
目　　的： 共同商议并制定能够满足每个人需要的家庭共识
活动类型： 介绍

如果受这个共识影响的每一个人都能够参与制定的过程，尊重和合作就已经发生了。每个人都变成了家庭决议的积极参与者。共同创建的家庭共识通常可以满足大家参与、尊重和关照的需要，确认父母和孩子即家中每个人的需要都同样重要。

相反，当家长们单向制定规则并决定处罚原则的时候，他们就变成了判罚的执行官。

为了共建家庭共识，首先可以问这样一个问题：你想要一个什么样的家呢？怎么才能使你感觉足够的安全，让你真正地成为你自己呢？

最常见的需要包括安全感、学习、尊重、为他人着想、爱护环境。当这些需要被一一罗列出来以后，家里的每个人就都可以找出满足这些需要的具体做法了。

倘若家里有人做了一些事，让其他人的需要无法得到满足时，那会怎样呢？

任何其他家庭成员都可以：（1）描述他/她所观察到的；（2）表

达他/她对此事的感受;(3)说出正在发生的事使得他/她的什么需要没有得到满足;(4)做出清晰的请求。

  这里的要点是,没有人要去惩罚那个做错事的人。如果某个家庭成员没有遵守家庭共识影响到了另外的人,被影响的人只需要自己说出感受和需要,并做出请求。

主题：家庭会议

标　　题：创建使命宣言
目　　的：创建一个家庭宣言，包括你想如何与他人互动，以及什么是对你个人和大家最为重要的（这是建立安全感、信任感和归属感的好方法）
活动类型： 讨论并记录
所需材料： 白色或者彩色纸张，彩色记号笔/彩色铅笔

步骤：

每个人都说一说他/她需要什么，才能有身体和内心的安全感，把这些想法整理记录成一个宣言。参见下面的例子：

例一：
我们想把我们的家变成一个人人都感觉安全的地方；
一个允许我们去感受我们的感受，需要我们的需要，并可以为满足需要提出请求的地方；
一个可以让我们保持坦诚、说出真相的地方；
一个没有评判、指责或者羞辱的地方；
一个同等珍视每个人需要的地方；
一个大家愿意一起努力、尽可能满足彼此需要的地方。

例二：
这是一个安全的地方。
我们一起欢笑，一起学习，也一起成长。

把这个宣言装进一个相框里，挂到大家都能看得到的地方，提醒每个人——这就是你们想要的家。它可以作为你们想要创建的家园的共同愿景。你们可以一起努力，用每天的实践来活出这个家庭宣言。

主题：家庭会议

标　题： 家庭"扑克牌游戏"
目　的： 联结你自己的感受和需要，以及其他家庭成员的感受和需要
活动类型： 互动式
材　料： 感受和需要卡（可在"主题：长颈鹿与豺狗游戏"中找到它们；选做：可用感受清单和需要列表制作更多卡片）

步骤：

1. 一家人在桌前或地板上围坐成一圈，在桌上或地上把"需要卡"摊开，正面朝上，这样每个人都可以看到上面的内容。
2. 一个人（陈述者）首先拿着所有的"感受卡"，简短地讲述一件最近发生的事，然后从感受卡中挑选出一些能够表达他/她在那种情景下的感受的卡片，正面朝上，摆在他/她面前。
3. 从陈述者左边的人开始，尝试用倾听的方法猜测讲述者的需要，并从"需要卡"中选出一张相应的卡片，放在讲话者面前，问："我不知道你感觉（提及一个或多个讲话者提到的感受）……是不是因为你需要（提及所选"需要卡"上的一项需要）……"

陈述者对这些猜测一律不做回应，只是静静地倾听对方的猜

Section III
家庭活动以及来自"无错区"的故事分享

测,简单地收下这些共情猜测和它们代表的需要。

4. 依次轮流,每人都尝试着以倾听为基础的猜测,并在讲述者面前放上相应的"需要卡"。

如果某个参与者感觉相关的需要都已经被猜过了,桌子上/地板上的"需要卡"里已经没有他/她猜测的需要时,这个参与者就可以说"我跳过"。

5. 当所有的人都做完猜测之后,讲述者需要说出哪些需要最打动他/她的内心。同时,陈述者还可以选出那些没有被猜出的但是在那个情境下对他很重要的"需要卡"。之后,把所有的"需要卡"放回去,把"感受卡"传给左边的参与者,这个人将成为新的讲述者。

活动演变: 万能卡

可以使用万能卡(纸牌中可以用来代表任何牌点和图标的卡,类似中国纸牌的大小王)代表卡片集里没有列出的感受和需要。

活动演变: 出示卡片

一个快速简便的"家庭扑克牌游戏"可以这样来做:每人手上都有一整套的"感受卡"和"需要卡"。在家庭会议伊始,或者会议进行的过程中,由一个人喊出"出示卡片",每个人都要亮出自己的"感受卡"和"需要卡",让大家知道他此刻的感受和需要。

主题：家庭会议

标　　题：这是一个观察吗？
目　　的：区分观察与评判
活动类型：阅读，书写，分类，讨论，游戏
材　　料：三种不同颜色的图画用纸，水彩笔，陈述条（请见下页的图示）

准备：

观察：是一种没有任何评价和判断的陈述，就好像你正在通过摄像机的镜头看着发生的一切，然后描述摄像机记录下的图像和声音。比如，一个观察的陈述是这样的："我跟你说话时，看见你一直在看书。"

评判：一种包含了对你所看到的或听到的事物的信念、想法和观点的陈述，例如："你从不听我说话。"

步骤：

1. 复习观察与评判的区别。
2. 复印下页的陈述条，将每个陈述裁成小条，对折，放入碗中。
3. 在三张不同颜色的图画纸上分别写下标题："观察"、"评判"和问号"？"（问号"？"用于你不能确定的陈述），把它们

Section III
家庭活动以及来自"无错区"的故事分享

放在桌子中间。

4. 每人每次抽出一张对折的纸条,判断一下它是一个观察、评判,还是不确定,然后把纸条放到合适的图画纸上面。
5. 大家依次轮流抽取纸条,直到所有纸条都被抽光,分别放到了三张图画纸上。
6. 然后大家一起讨论,看看那些放在画着问号"?"的图画纸上的纸条应该放到哪里。
7. 当所有的纸条都被分别放到观察区或评判区的时候,把观察区的纸条逐一读一遍,看看里面有没有混入评判的陈述;再把评判区的纸条仔细读一遍,看看有没有混入观察的陈述。

陈述条——"这是一个观察吗?"

她给了我一块饼干。	她真慷慨。
我们上次一起玩到最后,我出血了。	你玩得太粗野了。
他叫我一起玩游戏。	他真友善。
他们把鼻子挤压在窗户上。	他们真蠢。
她打了一个嗝。	她太没教养了。
你吃光了晚餐。	你可真能吃。
你坐着的时候把腿伸出去了。	你占了太大的地儿了。
她把芥末抹在苹果上。	她真恶心。
他这个星期读了两本书。	他很聪明。
你坐在我的眼镜上,把它坐弯了。	你这个白痴!

你撞到我了。	你真笨。
他把我挤到线的外面了。	他欺负人。
我叫你出来,可你还待在里面。	你在运动方面太差劲了。
你吃了最后的两块饼干。	你太自私了。
她说我不能参加游戏。	她真是太坏了。
他告诉老师,我拿了他的铅笔。	他说我坏话。
我生病时,她来看我。	她真是我的好朋友啊。
你花了两个小时做作业。	你可真是个好学生。
桌子上有胶水。	你总是弄得一团糟。

Section Ⅲ
家庭活动以及来自"无错区"的故事分享

主题：家庭会议

标　　题： 需要列表

目　　的： 为理解需要，丰富需要词汇表，做一个通用的需要列表，以方便使用

活动类型： 讨论和书写

材　　料： 很大的白纸或公告板，彩色标记笔/彩色铅笔

步骤：

1. 讨论世界上每个人的共同需要，把它们写在白纸或者白板上。
2. 阐述这些需要。
3. 给需要列表做一个装饰框，贴到冰箱门上。

主题：家庭会议

标　　题：需要曼陀罗
目　　的：丰富需要词汇表，深度领会需要
活动类型：艺术和书写
材　　料：一大张纸板，有很多图片的旧杂志，胶水，彩带

步骤：

1. 把纸板剪成一个大的圆饼。
2. 用线把圆饼分成六部分（不一定都是饼状图形）。
3. 在每个区域写上以下内容：生存需要（食物、水、居所），安全/保护，归属感/接纳，学习/尊重，选择/自我引导，团体。
4. 从杂志上剪下能代表这些需要的各种图片，用胶水粘在圆纸板的不同区域上。
5. 当纸板上贴满后，粘上彩带，或者用彩带把纸板的边缘装饰上绳边，然后挂到墙上。你也可以把纸板的两面都装饰好，吊在天花板上。

Section Ⅲ
家庭活动以及来自"无错区"的故事分享

主题：家庭会议

标　　题：需要百宝箱
目　　的：丰富需要的词汇表，珍视需要的宝贵
活动类型：艺术和写作
材　　料：裁成各种珠宝形状的彩色纸片（圆形、钻石形、心形、正方形、长方形等），信封若干

步骤：

1. 询问每个人在各种环境下（比如大自然中、学校和家庭里）和各种关系（跟朋友、跟自己以及跟家人）的相处中，什么对他们来说是最为珍视或最重要的。
2. 把这些需要想象成珍贵的珠宝。
3. 把这些需要写在纸片珠宝上。
4. 把信封装饰成珍藏珠宝的百宝箱。
5. 与其他人分享你的珠宝。
6. 留意那些每个人都认可的重要的需要和价值观。

主题：家庭会议

标　　题：运气饼干
目　　的：学习如何区分观察与评判
活动类型：合作游戏
材　　料：一盘运气饼干，足够每个家庭成员分到 4 – 5 块；每人一套 4 张卡片（8×12 厘米索引卡就可以）。在第一张卡上写上大大的"命运"；在第二张卡上写上大大的"评判"；在第三张卡上写上大大的"观察"；在最后一张卡上画上一个问号"？"。

准备：

讨论以下概念的区分：

命运：指对未来将要发生的事情的断言，比如：你明天会有好运气。

评判：指一个陈述，假装很了解一个人，比如：你是一个快乐的人。

观察：指用录像机能够看到和记录下来的事情，例如：那只猫坐在你的腿上发出呜呜的声音。

步骤：

这是一个甜点游戏，你可以煮一壶茶来搭配你的饼干。这样做

主要是为了增加趣味性，使得大家能够愉快地一起阅读藏在运气饼干中的小纸条，探索命运、评判和观察之间的区别。

轮流拿起一个运气饼干，打开它，读出纸条中的内容（喜欢的话，也可以吃掉饼干），然后举起手中的一张卡片，表示他们认为这是一个命运、评判、观察，还是不知道。只要大家觉得好玩，就可以一直玩下去。

变通：纸饼干

你可以用牛皮纸制作自己的纸制运气饼干。把牛皮纸剪成直径为8~10厘米的圆形，对折两次，做出运气饼干的形状。打开"运气饼干"，写上一句话（可以是一个运气、一个评判、一个观察或者其他什么），再折起来放到碗里。每次拿出一个"运气饼干"，读出其中的内容，一起讨论这是一个什么样的陈述。

主题：家庭会议

标　　题：感受书
目　　的：探索感受，认识到任何感受都是允许的，构建感受词汇表
活动类型：书写和画画
材　　料：制作书页的图画纸，彩色铅笔，记号笔（选项：也可以准备杂志用于剪下图片），剪刀，胶水，用于装饰书皮的纸。

步骤：

个人感受书：

每人用图画纸制作一本书，在每页写下一个感受词汇，画上画，涂上颜色，还可以从杂志上剪下图片，来表达你是如何体验这种感受的。

家庭感受书：

找到每一种你们愿意一起探索的感受，共同制作一本家庭感受书。你们可以给它一个标题，比如："我感觉好奇"，"我感觉很享受"，"我感到很难过"，"我有点儿害怕"，"我感到平静"。每个人都可以为这个感受添加一页或几页，用作画或文字的方式表达出你的这种感受。

Section III
家庭活动以及来自"无错区"的故事分享

主题：家庭会议

标　　题： 感受之叶
目　　的： 看到感受与需要之间的联系（感受是需要的信使）
活动类型： 艺术
材　　料： 大张的图画纸，几张15厘米见方的绿色纸，水彩笔，标记笔，胶带
准　　备： 介绍普遍性需要的概念，在开始活动前先做出一个需要列表。（需要列表的例子请参见第二把钥匙和第五把钥匙，以及"主题：家庭会议"中的"需要列表"活动）
熟悉感受与需要之间的联系（参见第二把钥匙和第五把钥匙）

步骤：

1. 在图画纸上画两棵没有叶子的大树，一棵树枝向上，标题为"需要得到满足"，另一棵树枝向下，标题为"需要未得到满足"。

2. 一起探索感受从何而来（所有感受都来自我们的需要）。
　　有的感受出现在我们的需要得到满足的时候，想想看：当你饥饿时的需要得到满足，你的感受如何？玩耍的需要呢？学习新事物的需要呢？

有的感受出现在我们的需要未得到满足时，例如：当你需要休息而不能得到满足时，你的感受是什么？被理解的需要呢？交朋友的需要呢？

3. 将方形的绿色纸对折，撕出或者剪出半个叶子的形状，再打开呈现出叶子的形状。把第五把钥匙中感受列表的感受词条写到这些叶子上，一片叶子代表一个感受。

4. 把叶子铺在桌子上或者地板上，让感受词条能够被大家看到。每次拿起一片叶子，读出上面的感受词条，感受一下这个感受：它是在需要得到满足还是未得到满足的时候出现的呢？然后根据其归属，用胶带把它粘到其所属的大树上。（注意：大部分感受都可以清楚地关联到得到满足的需要或是未得到满足的需要，但也有一些感受词，例如"惊讶"可以归到任意一棵树上。）

Section Ⅲ
家庭活动以及来自"无错区"的故事分享

主题：家庭会议

标　　题：赠予的链条
目　　的：感激家庭成员奉献的礼物
活动类型：互动式
材　　料：打印纸，各种颜色的硬纸条（大约2.5×22厘米），胶水，胶带或订书机

步骤：

1. 每一个家庭成员把他/她的名字写在纸的顶端，然后列出他们拥有的可以给出的礼物清单。其他家庭成员可以在清单上添加内容。
2. 把硬纸板裁成大约2.5×22厘米的硬纸条。
3. 每个人都要把礼物清单中的礼物逐条抄写到一张张的彩色硬纸条上。
4. 把所有家庭成员给出的礼物做成一个礼物链，钉在门廊上或者大家一致同意的地方。
5. 持续地在礼物链上添加礼物。

主题：丰盈生命之体验

标　　题：感恩
目　　的：滋养你的悲悯之心，练习有选择的、尊重的互动方式
活动类型：家庭讨论，家庭日志，个人日志
材　　料：一个笔记本作为家庭感恩日志，或者若干个人笔记本

步骤：

1. 讨论感恩的意义和感受，用下面的励志名言。

感恩是心的记忆

————法国谚语

越是学着感恩，就越可以发现更多值得感恩的东西，这是事实。感恩有传染性。这种感恩的态度通过激活所有其他的态度，复活了整个心理过程，并因此激发出创造力。

————诺尔曼·文森特·皮尔

2. 轮流回答问题："你要感恩什么？"

3. 共同制作一本家庭感恩日志，家庭成员在每一页上写上一条感恩，写下或者画出他们要感恩什么。

4. 制作个人感恩日志，每天晚上记录。可以用买来的笔记本，也可以自己制作，可以用下面的格式作为你感恩日志的每一页：

日期：

我的 ＿＿＿＿＿＿＿＿＿＿ 需要在今天 ＿＿＿＿＿＿＿＿＿＿ 时候得到了满足。

Section III
家庭活动以及来自"无错区"的故事分享

主题：丰盈生命之体验

标　　题：解压
目　　的：让呼吸、头脑和心跳的节律同步
活动类型：自我察觉

步骤：

1. 注意到自己的紧张感。
2. 按下"暂停键"。

立刻停下手边正在做的事，因为你正要做将来可能会后悔的事。如果你不按下"暂停键"，你的烦乱可能会继续增加。

3. 聚焦你的内心和呼吸。

慢慢吸气到胸腔，数 4 个数；再从腹部慢慢吐气，数 4 个数。

4. 创建感恩和感激的感受。

回忆曾经带给你这种感受的经历，再次去感受它们。

5. 带着这样的感受，再做 6~8 次呼吸。
6. 确认。

问一问你自己："我有不同的感觉了吗？"
"对于那个正在处理的问题，我有新的想法了吗？"

主题：丰盈生命之体验

标　　题：充电
目　　的：允许深度休息和放松
活动类型：自我察觉

步骤：

当你感觉自己的耐心和能量正在消耗殆尽时，就是到了该充电的时候了，你需要让自己恢复到最健康和平衡的状态。如果不能有意识地去做这件事，这种恢复是不会自动发生的。

问问自己下面的这些问题：

"我什么时候感到最开心？"

"什么样的活动给我带来快乐和幸福？"

"和什么样的人在一起能让我更多地感受到自己？"

"在什么样的地方能让我感到平静和平和？"

那么，你要在生活中尽量多地接触这些地方、人和活动。

主题：丰盈生命之体验

标　　题： 放松时刻
目　　的： 让自己学会在感觉有压力、愤怒或其他负面情绪的时候平静下来；跟自己的感受和需要联结。
活动类型： 自我察觉

步骤：

1. 察觉你的症状。

你感觉有压力或者正处于很情绪化的状态中。

物理症状：

不同的人症状不同，这些症状可能包括：心跳加快；手潮湿出汗；感觉比平常热，特别是脖子和脸部；感觉胸部或者喉咙发紧。

行为症状：

说话声音比平时大，骂人，使用贬损的词语，威胁自己或他人，推、拍、摇、打、扇其他人。

2. 按下"暂停键"。

立刻停下你正在做的事，你正在做你将来会后悔的事，如果不按下"暂停按钮"，你可能会越来越烦躁。

3. 重新找回平衡。

做几个深呼吸。

去散步或跑步。

做几个伸展动作。

给朋友打电话。

4. 联结你的感受和需要。

尽快跟你的感受和需要联结。

如果你感到愤怒,找到引发你愤怒的那个想法。

体会你的感受,看看是什么需要正在呼唤你的注意。

可选做法:用卡片做自我倾听

你可以用本书后面的感受和需要卡片,帮助自己梳理感受与需要。翻看感受卡,找出并摆出能描述当下感受的那些卡片。翻看需要卡,找出并摆出能代表你的感受背后没有得到满足的需要卡片。

5. 重新唤起你沟通的目的和意图。

6. 从这里开始,带着全新的自己,带着你清晰的目的和意图,迈出下一步。

Section Ⅲ
家庭活动以及来自"无错区"的故事分享

主题：丰盈生命之体验

标　　题：评估你的需要（适用于父母）
目　　的：更好地生活在当下；庆祝被满足的需要，哀悼未获满足的需要，察觉那些想要得到关注的需要。
活动类型：作为家长的自我评估

步骤：

把本页复印几份，以便在上面书写，并定期回顾和评估你的需要。评估你对下列需要的满足度（5代表最满足，1代表最不满足）。

　　我与自己的关系 ☞

1—2—3—4—5	营养
1—2—3—4—5	休息
1—2—3—4—5	锻炼
1—2—3—4—5	娱乐
1—2—3—4—5	平衡
1—2—3—4—5	自我表达
1—2—3—4—5	创造性的出口
1—2—3—4—5	意义，精神的联结
1—2—3—4—5	学习，成长

1—2—3—4—5　　奉献
1—2—3—4—5　　陪伴

我与孩子的关系 👉

1—2—3—4—5　　安全和信任
1—2—3—4—5　　互相尊重
1—2—3—4—5　　合作
1—2—3—4—5　　清楚地表达自己的感受与需要
1—2—3—4—5　　倾听他们的感受和需要
1—2—3—4—5　　听到他们说"不"背后的需要
1—2—3—4—5　　去请求我想要的，而不是要求
1—2—3—4—5　　共同享受快乐时光

我与家中其他成年人的关系 👉

1—2—3—4—5　　安全和信任
1—2—3—4—5　　合作
1—2—3—4—5　　清晰地表达自己的感受与需要
1—2—3—4—5　　倾听他们的感受和需要
1—2—3—4—5　　听到请求，而不是命令
1—2—3—4—5　　去请求我想要的，而不是要求
1—2—3—4—5　　共同享受快乐时光

Section III
家庭活动以及来自"无错区"的故事分享

主题：丰盈生命之体验

标　　题： 评估你的需要（适用于孩子）
目　　的： 知道你自己发生了什么，更好地满足你的需要
活动类型： 作为孩子的自我评估

步骤：

把本页复印几份，以便在上面书写，并定期回顾和评估你的需要。评估你对下列需要的满足度（5代表最满足，1代表最不满足）。

我与自己的关系

1—2—3—4—5	我饮食健康
1—2—3—4—5	我能得到休息
1—2—3—4—5	我得到锻炼
1—2—3—4—5	我有乐趣
1—2—3—4—5	我知道生气或烦躁时怎么让自己冷静下来
1—2—3—4—5	我能开心地创造
1—2—3—4—5	我知道我为什么做事
1—2—3—4—5	我享受学习
1—2—3—4—5	我有朋友

| 1—2—3—4—5 | 我喜欢自己 |

我与父母的关系 ☜

1—2—3—4—5	我有安全感
1—2—3—4—5	我知道他们很在意我
1—2—3—4—5	我会告诉他们我的感受和需要
1—2—3—4—5	我会倾听他们的感受和需要
1—2—3—4—5	我请求我想要的,而不是去要求
1—2—3—4—5	他们请求他们想要的,而不是要求
1—2—3—4—5	我们共同享受快乐时光
1—2—3—4—5	我们一起做决定

我与兄弟姐妹的关系 ☜

1—2—3—4—5	我有安全感
1—2—3—4—5	我们彼此都在意对方
1—2—3—4—5	我们知道怎么一起解决问题
1—2—3—4—5	我能表达我的感受、需要和我所想要的
1—2—3—4—5	我能倾听他们的感受、需要和他们想要什么
1—2—3—4—5	我们一起共度快乐时光

主题：丰盈生命之体验

标　　题： 长颈鹿式的感激便条
目　　的： 学习如何构思、书写、表达长颈鹿式的感激
活动类型： 书写
材　　料： 长颈鹿便条格式（参见下页）
准　　备： 熟悉观察、感受、需要和请求

步骤：

1. 在家庭活动中引入"长颈鹿便条"：请每个人想一想，其他家庭成员曾经做过哪些事满足了他/她的需要。
2. 演示一下，如何填写长颈鹿便条来表达感激。
3. 让每个家庭成员都来填写一张长颈鹿便条。
4. 每个人都分享一下他们写完便条后的感受，以及这个活动满足了他们的什么需要。还可以分享一下收到这样一份感激便条时的感受以及被满足的需要。
5. 可以把便条涂上颜色或者装饰一下。

注：不会写字的孩子可以画一幅画来表达感激，可以画令他们感激的事情，也可以画他们的需要得到满足时的感受。

把长颈鹿便条放在一个很容易拿到的地方，鼓励每个人每天至少写一个便条，在晚餐或者是家庭会议上分享它们将会带来有趣的惊喜。坚持这样做下去，你的孩子有一天可能会跟其他的亲人以及学校的老师和朋友分享这个长颈鹿式的感激便条。

Section III
家庭活动以及来自"无错区"的故事分享

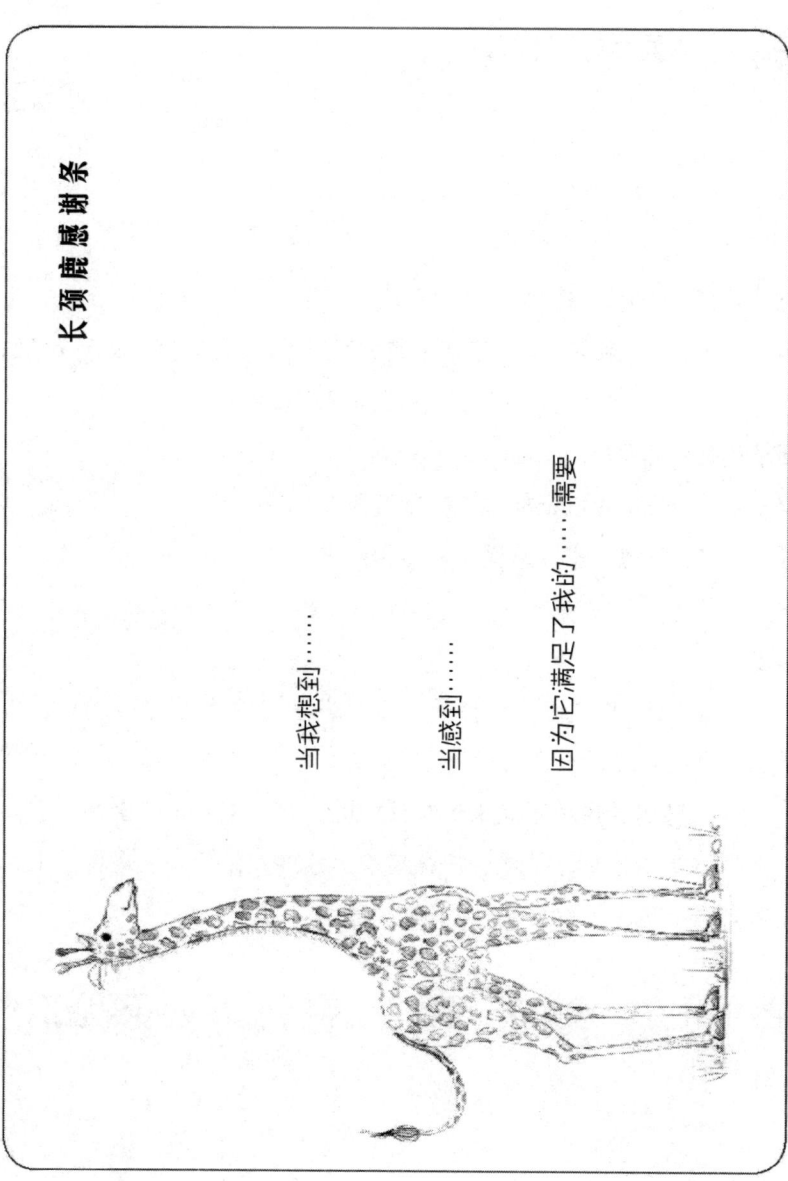

长颈鹿感谢条

当我想到……

当感到……

因为它满足了我的……需要

主题：丰盈生命之体验

标　　题： 长颈鹿日记

目　　的： 学习和练习当"事情没有如我所愿"时的自我倾听；对"如我所愿发生的事情"养成庆祝的习惯。

活动类型： 书写

材　　料： 长颈鹿日记格式（参见下面）

准　　备： 熟悉观察、感受、需要和请求

步骤：

用这种格式记录一个场景。写下当事情发生时你的观察、感受、需要以及你对自己或者他人的请求。

你可以通过这种形式来做自我倾听，学习接受当"事情没有如你所愿"时的结果，并学会庆祝和表达感激。你可以从这本书上直接复印这个格式，也可以制作自己的版本。

长颈鹿日记 ■ **长颈鹿日记** ■ **长颈鹿日记** ■ **长颈鹿日记** ■ **长颈鹿日记**

日期：

场景 / 观察：

Section III
家庭活动以及来自"无错区"的故事分享

我的感受：

我的需要：

对自己或他人的请求：

长颈鹿日记 ▪ 长颈鹿日记 ▪ 长颈鹿日记 ▪ 长颈鹿日记 ▪ 长颈鹿日记
日期：

场景／观察：

我的感受：

我的需要：

对自己或他人的请求：

长颈鹿日记 ▪ 长颈鹿日记 ▪ 长颈鹿日记 ▪ 长颈鹿日记 ▪ 长颈鹿日记
日期：

场景／观察：

我的感受：

我的需要：

对自己或他人的请求：

长颈鹿日记 ■ **长颈鹿日记** ■ **长颈鹿日记** ■ **长颈鹿日记** ■ **长颈鹿日记**

日期：

场景/观察：

我的感受：

我的需要：

对自己或他人的请求：

Section III
家庭活动以及来自"无错区"的故事分享

主题：丰盈生命之体验

标　　题： 把评判解读成需要
目　　的： 学习如何把评判解读成需要
活动类型： 自我反省练习
材　　料： 纸（或者以下格式的复印件），铅笔或钢笔
准　　备： 评判是需要的悲剧性表达。它不能清楚地表达一个人的感受和需要，往往还会带来更多的评判和责备。当你能够听到评判背后的需要时，就会加强你的理解、联结、选择、平和。

你的孩子（或其他人）对你的评判：
例如，你的孩子说："你从来不听我说话。"
你的感受和需要：我感觉很糟糕，我需要理解，也需要去奉献他人。
猜测你孩子的感受和需要：他感觉受伤，他需要关注，也需要倾听。

你的孩子说：_____
你的感受和需要：_____
猜测你孩子的感受和需要：_____

你的孩子说：＿＿＿＿＿＿＿＿＿＿＿＿＿＿＿＿＿＿＿＿＿＿＿＿＿＿＿＿

你的感受和需要：＿＿＿＿＿＿＿＿＿＿＿＿＿＿＿＿＿＿＿＿＿＿＿

猜测你孩子的感受和需要：＿＿＿＿＿＿＿＿＿＿＿＿＿＿＿＿＿＿

你的孩子说：＿＿＿＿＿＿＿＿＿＿＿＿＿＿＿＿＿＿＿＿＿＿＿＿＿＿＿＿

你的感受和需要：＿＿＿＿＿＿＿＿＿＿＿＿＿＿＿＿＿＿＿＿＿＿＿

猜测你孩子的感受和需要：＿＿＿＿＿＿＿＿＿＿＿＿＿＿＿＿＿＿

你的孩子说：＿＿＿＿＿＿＿＿＿＿＿＿＿＿＿＿＿＿＿＿＿＿＿＿＿＿＿＿

你的感受和需要：＿＿＿＿＿＿＿＿＿＿＿＿＿＿＿＿＿＿＿＿＿＿＿

猜测你孩子的感受和需要：＿＿＿＿＿＿＿＿＿＿＿＿＿＿＿＿＿＿

你对孩子（或其他人）的评判：

例如，你的评判："她真是喋喋不休。"

你的感受和需要：我很恼火，因为我需要关照，也需要选择。

你的评判：＿＿＿＿＿＿＿＿＿＿＿＿＿＿＿＿＿＿＿＿＿＿＿＿＿＿＿＿＿

你的感受和需要：我感觉 ＿＿＿＿＿＿＿＿＿＿＿ 因为我需要 ＿＿＿

你的评判：＿＿＿＿＿＿＿＿＿＿＿＿＿＿＿＿＿＿＿＿＿＿＿＿＿＿＿＿＿

你的感受和需要：我感觉 ＿＿＿＿＿＿＿＿＿＿＿ 因为我需要 ＿＿＿

你的评判：＿＿＿＿＿＿＿＿＿＿＿＿＿＿＿＿＿＿＿＿＿＿＿＿＿＿＿＿＿

你的感受和需要：我感觉 ＿＿＿＿＿＿＿＿＿＿＿ 因为我需要 ＿＿＿

你的评判：＿＿＿＿＿＿＿＿＿＿＿＿＿＿＿＿＿＿＿＿＿＿＿＿＿＿＿＿＿

你的感受和需要：我感觉 ＿＿＿＿＿＿＿＿＿＿＿ 因为我需要 ＿＿＿

Section III
家庭活动以及来自"无错区"的故事分享

主题：丰盈生命之体验

标　　题：转化愤怒
目　　的：学习将愤怒转化为感受和需要
活动类型：自省练习
材　　料：无（可选：纸，铅笔，钢笔）
准　　备：关于愤怒，有两件事需要理解：

- 愤怒是一个红色警报，提醒你某个重要的需要没有得到满足。
- 目的不是为了拒绝或者评判愤怒，而是化解它，让你听到生命传递给你的信息，采取有效的行动满足自己的需要。

听到愤怒背后的生命的信息，需要如下几个步骤：

1. 当你感到愤怒的时候，请留意你自己身体的感受。

2. 停下正在做的事，做一次快速放松（参见本节的放松时刻）。

3. 意识到其他人不能为你的感受负责，也不是引起你愤怒的原因。

4. 分辨出产生愤怒的想法（详见下面列表），包括你认为其他人应该做什么事之类的想法，因为这些才是引起你愤怒的原因。

在下面空白的地方填上你能觉察到的任何想法。

我生气是因为我在想他/她应该_____
_____

我生气是因为我告诉自己某人正在对我做什么事（攻击、背叛、侮辱、操控等等，详见以下列表）

5. 去分辨、感受愤怒背后的需要：

在这里，我的_____需要没有得到满足。

6. 当你跟自己未被满足的需要联结的时候，有什么感觉？

我感觉_____

7. 放松一下，带着你的感受和需要一起做深呼吸，看看是否有什么事是你想让自己或其他人去做，来满足你的需要的。

产生愤怒的想法：

气馁　害怕　遭到拒绝

受到攻击　无效　上当受骗

背叛　被遗忘　令人窒息

受责备　辜负　受到威胁

走投无路　被操纵　受到愚弄

挨批评　被误解　未被倾听

被羞辱　被忽视　琐碎

被人当作出气筒　被资助　看不见的

忽略　压力　二手的

被侮辱　贬低

Section Ⅲ
家庭活动以及来自"无错区"的故事分享

产生愤怒的想法经常表现为感受。人们常说，我觉得被侮辱或我觉得被操纵。侮辱和操纵其实并不是感受，它们是你的想法，你相信其他人正在对你做什么。确认你的想法，然后发现想法背后的需要和感受：

我认为你在侮辱我，当我有这个想法时，我就会非常生气！
我感到很难过，也很害怕，我希望能够信任你，相信你是在意我的。

主题：丰盈生命之体验

标　　题：愤怒温度计

目　　的：学习如何处理愤怒的情绪（首先要辨识它引起你身体的感受，以及它的强度）

活动类型：家庭讨论，个人练习

材　　料：愤怒温度计的复印件（参见下文）若干，彩色铅笔

步骤：

想想你某次生气的情景。你愤怒的"热度"有多高呢？在你的愤怒温度计上标上你的愤怒强度，或者说是你在那个情形下体验到的热度。讨论一下，你身体的什么部位感受到了这种热度，以及你觉察到了什么。再想想其他一些令你生气的情形，标注那时候的愤怒强度。通过这个活动，讨论一下愤怒的信号和程度，看看当你觉察到愤怒的时候都可以做什么。

你可以用彩色铅笔标注热度：温（黄色），热（橘色），烫（红色）

Section III
家庭活动以及来自"无错区"的故事分享

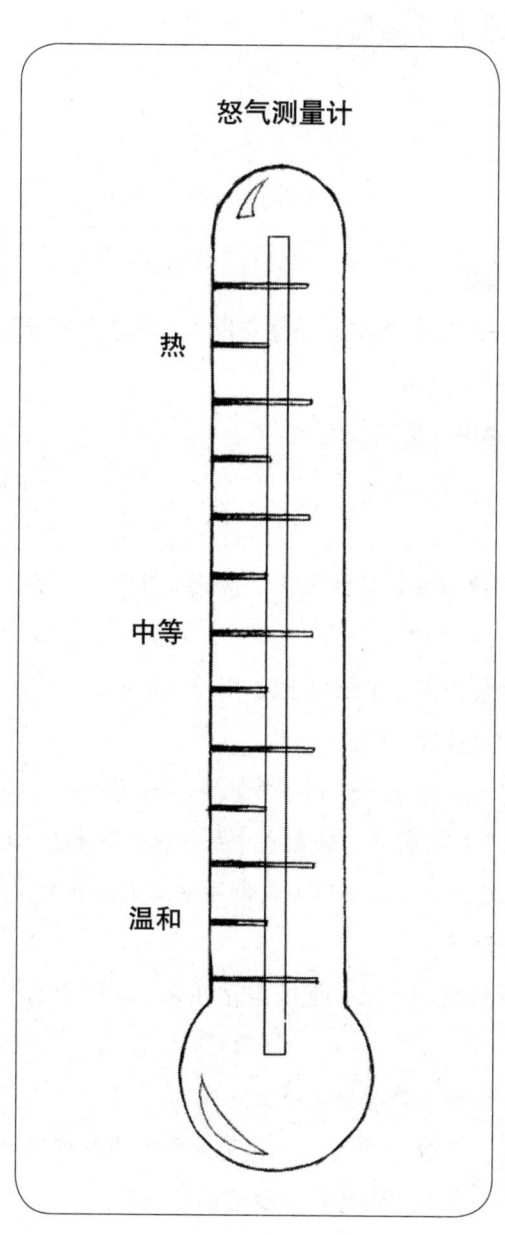

主题：丰盈生命之体验

标　　题：每日提醒
目　　的：让书中介绍的这些概念不断在你的脑海里更新
活动类型：提醒和复习
材　　料：这本书，剪刀

步骤：

1. 把下面的"每日提醒纸条"放大至125%，复印到不同颜色的纸上。
2. 裁成纸条，在每张纸条上注明一个提醒。
3. 把纸条对折放在碗里。
4. 每天早晨，从碗中选出一张纸条，让它提醒你书中介绍的概念。如果想要复习，回到书中的七把钥匙部分。（每张纸条上都有钥匙编号，以便你回到书中找到更详细的信息。）

变通：提示闪卡

把以下两页复印下来，把纸条粘在8×12厘米的卡上，做成一副提示闪卡。

每天选一张卡，静静地坐下想一想。

把提示闪卡整理成两叠，一叠是你已经理解得很好并已经在使用的概念，另一叠是你还想进一步理解的概念。

Section Ⅲ
家庭活动以及来自"无错区"的故事分享

变通：冰箱提示

复印以下两页，贴在冰箱门上，作为书中概念的一个快速索引表。

每日提醒纸条

明确你的育儿目标（第1把钥匙）	孩子们以及所有的人都需要倾听和理解（第2把钥匙）
选择用你的目标校准你的思考（第1把钥匙）	孩子的成长需要情感上的安全感（第3把钥匙）
选择用行动实现你的目标（第1把钥匙）	你的行为和反应会影响孩子的情感安全（第3把钥匙）
选择鼓励孩子做出自己的选择（第1把钥匙）	从孩子的视角看问题（第3把钥匙）
选择在倾听和交流中体现你的目标（第1把钥匙）	寻求联结，从始至终，到永远（第3把钥匙）
所有的行为都是试图满足某种需要（第2把钥匙）	滋养家人间的联结，可以维持安全感、信任感和归属感（第3把钥匙）
你、你的孩子们以及所有的人都在努力满足自己的需要（第2把钥匙）	给予是人类的基本需要（第4把钥匙）
你要为自己的需要负责（第2把钥匙）	你和孩子们有很多礼物可以相互给予（第4把钥匙）
感受是需要的信使（第2把钥匙）	接受孩子的礼物（第4把钥匙）

慷慨地给予你的礼物（第4把钥匙）	你和孩子可以合作，一起做出决定，一起解决问题（第6把钥匙）
从孩子鲜活的礼物中学习（第4把钥匙）	有很多做事的方法（第6把钥匙）
记得你育儿的目标和初衷（第5把钥匙）	有效的方法值得庆祝（第6把钥匙）
留意沟通中的"流"（第5把钥匙）	从无效的做法中总结经验（第6把钥匙）
给出没有评判的观察（第5把钥匙）	选择将冲突视为要解决的问题（第7把钥匙）
联结感受与需要（第5把钥匙）	确信你的需要可以得到满足（第7把钥匙）
提出"做得到"的请求（第5把钥匙）	相信需要可以引出解决方案（第7把钥匙）
全身心地倾听（第5把钥匙）	你可以选择用合作化解冲突（第7把钥匙）
无论发生了什么，你都能处理！（第6把钥匙）	迷失的时候，用工具帮助你回到"无错区"（第7把钥匙）

Section Ⅲ
家庭活动以及来自"无错区"的故事分享

主题：平和地化解冲突

标题： 简介

这部分的前两个活动——"用暂停键！"和"两幕剧"——是为了帮助你们理解冲突，接下来的两个活动——"自行解决冲突"和"长颈鹿式调解"——是为了帮助你们主动地化解冲突。

对于解决冲突来说，适当地关注时间和地点将有助于问题的解决。

有些冲突只需要十分钟就能化解，有些则需要几个小时，预先认清这个事实会比较有帮助。告诉孩子们，你很重视找到一个大家都满意的解决方案，所以有时候会需要多一些的时间，甚至不止一次的时间。跟孩子们商量好每次可以占用多长时间，确定一个大家都感到舒服的时间框架。

为了使调解过程显得郑重，有些家庭会在家中指定一个"冲突化解之角"，当家庭成员愿意说一说的时候就可以到那个地方。这个区域可以是起居室的一个角落，也可以是牌桌，你可以给这个地方起个名字，比如"调解之角"、"尊重处所"、"鲁米的田野"等等。当每个人都愿意到"那里"相聚的时候，他们的问题就已经解决一半了。

主题：平和地化解冲突

标　　题：用暂停键！
目　　的：理解冲突，确认需要和可以满足需要的策略
活动类型：互动式
材　　料：电视节目或视频

步骤：

在每个故事里，只要有人，就会有冲突；而在冲突中，你就会看到人们想要满足的需要。选择一起观看电视节目或者视频，当看到角色之间发生冲突的时候，就按下暂停键，讨论剧中每个角色的需要，然后进行头脑风暴，看看有什么办法能够满足所有人的需要。之后继续观看剩下的部分，看看剧中人物是如何解决冲突的，你最喜欢哪种解决方式。

家庭活动以及来自"无错区"的故事分享

主题：平和地化解冲突

标　　题：两幕剧
目　　的：理解冲突，区分需要和策略的不同
活动类型：表演，角色扮演
材　　料：无（可选：演出服和小道具可以增加趣味性）

步骤：

第一幕剧：

演一个关于冲突的小品，可以是孩子们在学校或者操场上看到的场景，或者是他们自己碰到的事；也可以是你在工作中碰到的或者你自己编出来的故事。

一起讨论：故事里每个人试图满足的需要是什么？他们做了什么？你能想到什么更有效的解决冲突的方式吗？

第二幕剧：

重新表演一下。同样的角色和同样的冲突，他们这一次是如何通过聚焦每个人的需要，从而找到解决方案来化解冲突的。

主题：平和地化解冲突

标　　题：自行解决冲突

目　　的：自己解决冲突，无需调解人

活动类型：互动式

材　　料：感受与需要卡片，每人一套（参见"主题：长颈鹿与豺狗游戏"中的"感受与需要卡片"）

准　　备：

这个活动需要有这样的能力：（1）能够做出没有评判的观察；（2）确认自己的感受与需要。请参阅本书中提到的培养这两种技能的其他活动。

这个活动需要每个人都能够而且愿意讨论所发生的事情。如果有紧张的情绪，可以先做"减压"练习（参见"主题：丰盈生命之体验"的"解压"）以减少自动反应，恢复到愿意彼此理解的状态。

想要学习如何利用这个活动解决自己的冲突，可以先尝试着用一个你们在书里或在视频里看到的冲突场景，通过角色扮演来练习这个活动。

步骤：

每个人都持有自己的"感受卡片"和"需要卡片"，一起围坐在指定的桌子前面，或者是坐地板上。空间要足够大，允许每个人

坐下并摆开自己的牌。

第一步：描述场景

对所发生的事情，轮流给出没有评判的观察，直到每个人都觉得已经描述完整了。

第二步：表达和倾听感受与需要

每人轮流拿出一张需要卡，表明在那个情境中没有得到满足的需要，然后再拿出一两张感受卡，表达当他们的需要没有得到满足时的感受。

与此同时，他们也要大声说出自己的需要和感受，例如："你在卫生间的时候我在外面等了那么长时间，我很生气，因为我需要关注。"

当一个人表达的时候，其他人需要倾听，还可以选择去回应这种感受和需要，这样表达的人就会感觉被听到了。然后轮到下一个人拿出他的需要卡和感受卡去表达。

当每个人都充分地表达了，但依然有尚未解决的问题，大家可以头脑风暴一下，看看如何能够满足所有人的需要。或者，大家也可以讨论一下，如果将来出现类似的场景时，可以用什么不一样的处理方式。

主题：平和地化解冲突

标　　题：长颈鹿式调解
目　　的：调解家庭冲突
活动类型：互动式
材　　料：一个长颈鹿玩偶或者其他能替代玩偶的东西，一对长颈鹿耳朵。（参见后面的剪切图）
准　　备：调解员可以是任何年龄的人，但是他/她需要具备一些技能：(1) 能够做没有评判的观察；(2) 能够确认感受和需要。如果想学习成为长颈鹿式的调解员，你可以编一个冲突的场景（也可以用你听说的或者在电视上看到的冲突场景），请你的家人做角色扮演，你则可以按照以下步骤学习长颈鹿式的调解。

步骤：

1. 调解员把长颈鹿玩偶（或一个替代玩偶的东西）送给一个人（这个人被称为"长颈鹿"），把长颈鹿的耳朵送给另外一个人（这个人被称为"长颈鹿耳朵"）。
2. 调解人看着长颈鹿说："事实和观察。"
3. 长颈鹿陈述场景，如果他/她开始说一些其他的而不是发生的事实时，调解员需要对他/她的话进行解释，或者打断

Section III
家庭活动以及来自"无错区"的故事分享

他／她的讲述。

4. 调解员对长颈鹿说："感受。"长颈鹿就要说出事情发生时被触发的感受。

5. 调解员对长颈鹿说："需要。"长颈鹿需要说出是什么没被满足的需要引起了这样的感受。

6. 调解员对长颈鹿耳朵说："你听到了什么事实？"长颈鹿耳朵回答他／她所听到的。

7. 调解员问长颈鹿："这是你想说的吗？"长颈鹿回应"是"或"不是"。如果他／她说"不是"，调解员就得要求长颈鹿再次陈述事实。然后，调解员再问长颈鹿耳朵都听到了什么。这样一直重复，直到长颈鹿对别人的倾听感到满意。

8. 然后调解员问长颈鹿耳朵："你听到了什么感受和需要呢？"长颈鹿耳朵给予回应。

9. 调解员问长颈鹿："你觉得他／她听懂你说的话了吗？"长颈鹿给予回答，如果他／她回答的是"不"，调解员就会要求长颈鹿再次陈述他／她的感受和需要。然后调解员问长颈鹿耳朵都听到了什么。这样一直重复，直到长颈鹿对别人的倾听感到满意。

10. 这两个表演者交换角色和道具，重复步骤2-9。

11. 然后调解员问他们，是否能想到一个办法，可以同时满足双方的需要。

12. 如果他们想出了一个双方都同意的方法，调解员就可以祝贺他们了。

13. 如果双方在约定的时间内没有达成一致，调解员会尽快再约一个时间让双方继续这个过程。

日常生活中有很多练习调解的机会，所以请把长颈鹿玩偶和耳朵随时准备好。

Section Ⅲ
家庭活动以及来自"无错区"的故事分享

主题：长颈鹿与豺狗游戏

题　　目：长颈鹿与豺狗的耳朵

目　　的：增强能力，学习听到别人讲话时的更多的回应方式；学会用长颈鹿的思维来转换豺狗语言信息。

活动类型：互动式，角色扮演

材　　料：一对长颈鹿的耳朵，一对豺狗的耳朵，或者每人都有一对长颈鹿耳朵和一对豺狗的耳朵（或者用自己的一双手比画也行）。

准　　备：复印、剪切和组装长颈鹿耳朵和豺狗耳朵

引领员首先要复习和了解四种听别人讲话的回应方法。

1. 倾听他人，倾听他人的感受和需要的手势：听者将长颈鹿耳朵向外，或者双手放在胸前，手心向外。

2. 自我倾听，倾听自己的感受与需要的手势：听者将长颈鹿耳朵向内，或者双手按在胸前，手心向内。

3. 听到批评和责备，去批评和责备他人的手势：听者将豺狗耳朵向前，或者把双手比划在脑袋上方，手心朝前。

4. 听到批评和责备，去批评和责备自己的手势：听者将豺狗耳朵向后，或者把双手在脑袋上方，手心向后。

步骤：

1.首先，引领员需要简要解释一下四种听别人讲话的回应方式，通过发问"要是听到别人说一些难听的话时，你会怎么样？"来模仿四种不同的回应方式。每种回应方式都要配上相应的耳朵来表达：豺狗耳朵向前，豺狗耳朵向后，长颈鹿耳朵向外，长颈鹿耳朵向内。

举例说明：

很难听的一句话：你这人心眼儿真坏。

豺狗耳朵向前：你才坏心眼儿呢。

豺狗耳朵向后：我是一个坏人。

长颈鹿耳朵向外：你觉得懊恼是不是因为你想要别人把你的需要当回事？

长颈鹿耳朵向内：我感觉受伤、难过，我需要被理解。

2.引领员把豺狗耳朵给一个人，把长颈鹿耳朵给另外一个人。其他家庭成员轮流说一些"难听的话"，带着豺狗耳朵的人做回应：先把豺狗耳朵向前回答（批评和指责他人），再把豺狗耳朵向后回答（批评和指责自己）；然后带着长颈鹿耳朵的人响应：先把长颈鹿耳朵向外（倾听他人的感受和需要），再把长颈鹿耳朵向内（倾听自己的感受和需要）。

3.做完一轮之后，把豺狗耳朵和长颈鹿耳朵递给其他人，继续游戏。

变通方法：

·每个家庭成员各写2~3个纸条，在每个纸条上写上一句"难听的话"。把所有的纸条都折起来放进帽子里。每个人都戴上长颈

Section Ⅲ
家庭活动以及来自"无错区"的故事分享

鹿耳朵,依次取出一张纸条,读出上面写的内容,轮流用倾听他人(长颈鹿耳朵向前)或自我倾听(长颈鹿耳朵向后)的方式给予回应。

·所有人在家庭会议上都戴上长颈鹿耳朵,以强调他们不断加强长颈鹿的思维能力,提醒他们选择用长颈鹿的模式去思考和回应。

本项目所需的材料:豺狗耳朵和长颈鹿耳朵的放大复印件(一对长颈鹿耳朵,一对豺狗耳朵)

水笔,彩色蜡笔,彩色铅笔或者颜料,用以给耳朵涂颜色

剪刀

胶棒

胶带

两张标准尺寸的 A4 复印纸。

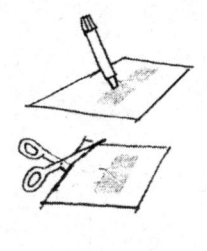

1. 在复印机上把每个耳朵按 200% 放大复印到 A3 的复印纸上。

2. 把长颈鹿耳朵涂成黄色,豺狗耳朵涂棕色,也可以涂上任何你喜欢的颜色。

3. 用剪刀剪下耳朵。

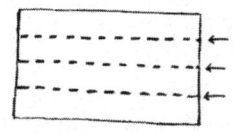

4. 把两页标准尺寸的 A4 复印纸沿着长边对折,再对折,打开,裁成四条。每对耳朵需要三条。

5. 用胶带把三个纸条连成

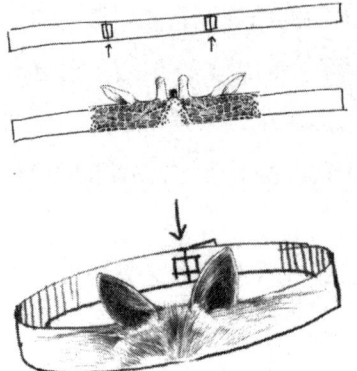

长条。

6. 用胶棒把耳朵粘在长条的前面。

7. 把长条(耳朵)试戴在头上,在合适的尺寸上,把尾端用胶带粘上。

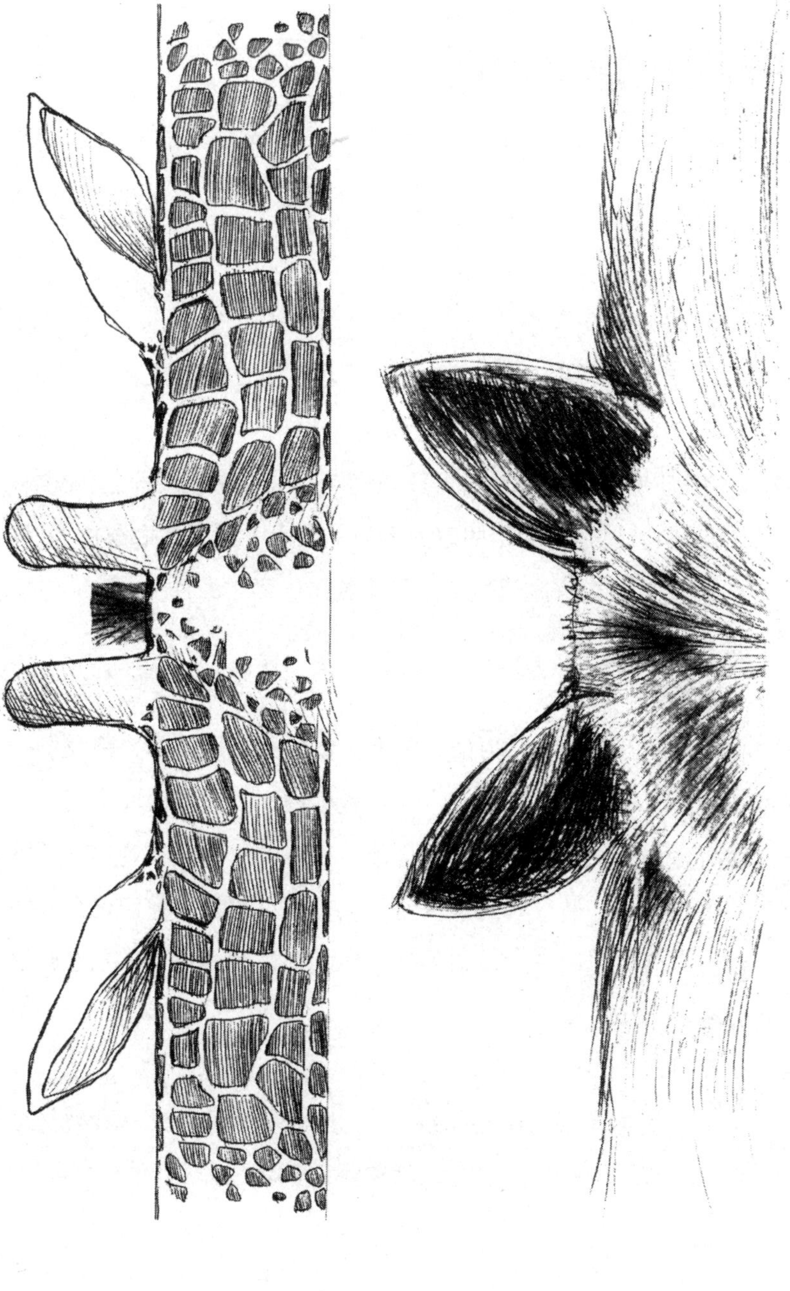

Section III
家庭活动以及来自"无错区"的故事分享

主题：长颈鹿与豺狗游戏

题　　目：感受与需要卡片

目　　的：熟悉感受与需要，借助看得见的感受与需要卡片练习倾听与自我倾听，以及化解冲突。

活动类型：动手操作，互动式，可以是面向个人、配对或者一个团体。

材　　料：剪裁出一套共用的感受卡与需要卡（随意涂上颜色），或者为每个家庭成员复印和剪裁出一套（上色）。

感受卡与需要卡简介：

我们的朋友，马蒂·梅伦，一个天才的图形设计师，跟我们一起设计了一套感受卡与需要卡，并且做了说明。这些设计出来的感受卡和需要卡的说明和文字不包含任何读者的思想。在这里介绍的只是一些我们自己最喜欢的卡片使用法。可以想象，你们也会发明一些你们自己的使用方式。如果是这样的话，我们将非常乐意知道这些方法。

本书中提到的多数活动（练习），整个家庭只需要一套感受卡与需要卡即可，有些活动（练习）则需要每个家庭成员人手一套卡片。

Section Ⅲ
家庭活动以及来自"无错区"的故事分享

活动：我的需要是什么？

把需要卡片摊开在你面前，依据你对下面问题的回答，从中抽取你的需要卡片：

·想一件你最近做过的事，问问自己：我在试图满足自己的什么需要呢？

·你还能想到其他被满足的需要吗？

·想一想，还有没有其他什么你说过或者做过的事情，确认一下你试图从中获得满足的需要。

·有没有任何你曾说过或者做过的事，不是为了尝试满足你的需要？

活动：自我倾听

当你想要明确自己的感受和需要并跟它们联结的时候，请把感受卡片和需要卡片摊开在自己的面前，问问自己：我现在是什么感受？选出代表这种感受的感受卡片放在面前。然后再问问自己：我现在需要什么？选出对应的需要卡片放在面前。

在需要"放松时刻"的时候，这个练习会帮助到你（详见"主题：丰盈生命之体验"中的"放松时刻"）。

活动：借助卡片彼此倾听

如果想与孩子、伙伴和朋友彼此倾听，你们可以一起坐下来，把这些卡片摊开在中间。轮流说出生活中希望被倾听或理解的一个情境，选出能够表达你在这个情境下感受和需要的卡片放在你的前面。然后，可以请另一个人对你的感受与需要做出反馈，或者对他们（或者你自己）提出你的请求，请他们帮助你满足需要。
使用感受卡与需要卡的其他活动

参见本书的"主题：家庭会议"之"家庭'扑克牌游戏'"和"主题：平和地化解冲突"之"自行解决冲突"。

Section III
家庭活动以及来自"无错区"的故事分享

感受卡

高兴，开心，欣喜，愉快

悲伤，不高兴，失望，孤单

愤怒，生气，暴怒，心烦意乱

好奇，感兴趣

Section III
家庭活动以及来自"无错区"的故事分享

感谢，感激

好玩，有活力

焦虑的，担心，紧张

平和，满意，满足，平静，放松

Section III

家庭活动以及来自"无错区"的故事分享

恐惧,不安,害怕

兴奋,热情,精力充沛,期待

迷惑,困惑,糊涂,忐忑

惊讶,震惊

Section III
家庭活动以及来自"无错区"的故事分享

友好,爱,温柔,温暖

气馁

Section III
家庭活动以及来自"无错区"的故事分享

需要卡

社团，朋友，归属感

玩耍，乐趣

休息，放松

被倾听，被理解

Section III
家庭活动以及来自"无错区"的故事分享

理解他人，倾听

理解自己，自我体贴

能力，技能，才能

学习，探索，发现

Section III
家庭活动以及来自"无错区"的故事分享

选择,自主,自由

自我表达,创造性

安全感,信任

给予,分享

Section Ⅲ
家庭活动以及来自"无错区"的故事分享

帮助，支持　　　　　　　　　尊重，欣赏，体贴

Section Ⅲ
家庭活动以及来自"无错区"的故事分享

来自"无错区"的故事分享

从下面的这些故事和对话里我们可以看到，家长们是如何通过庆祝自己的点滴成功，来提升他们的能力和信心的。借由这样的自我观察和肯定，他们能够让自己满怀希望地生活在对孩子们的爱里面。这些故事全部来自我们的朋友、工作坊的参与者以及我们的客户。希望他们的故事能够激发和帮助你，在打造你自己的无错空间时，调整你的期望并庆祝你每一小步的成就。

··自我倾听解救了我··

我们的朋友雪莉分享了她自己的一个经历。那一次，她因为首先选择了倾听自己，所以能够迅速地用充满慈悲的方式给予孩子们富有成效的回应。

雪莉刚刚从外面跑步回到家里。她大汗淋漓、上气不接下气地走进卧室，一边喘着粗气，一边走到六岁的儿子西蒙的身边，想看看他在做什么。就在这个时候，八岁的儿子达林用颤抖的尖锐的声调对她喊道："你太臭了！你为什么总是帮助西蒙，从来也不关心我在做什么？"

雪莉感到血往脑门上顶，她几乎可以听到自己的叫喊声了。

就在那些责备的话语（你居然敢……）几乎脱口而出或一些自我责备的念头升起（我怎么是这么差劲的妈妈，居然能对孩子这么大喊大叫！）的时候，她听到了一个声音：快快熄火，停下来，做个深呼吸，看看自己的感受和需要。然后，她迅速做了一个深呼吸，查看了一下自己：

"哇！达林这么说话，真的让我心烦意乱，因为我看重理解。要是我真的对他大喊大叫，事后一定会感到难过的，因为这不能让我们之间建立我想要的尊重和理解啊。"

注意到这样的自我倾听跟那个自我贬低式的自我评判是多么的不同了吗？自我贬低只会说："我不应该……我应该……我是个坏妈妈。"这个自我倾听并没有花费雪莉多长时间，因为她这几个月一直在练习这样的沟通技巧。这样的自我倾听让她感到清晰和释然，引导她把关注点迅速转移到儿子达林身上：到底发生了什么？

"当我听到和看到他如此伤心，我很好奇到底发生了什么。"

于是，她内心充满慈悲，来到达林身边，关切地去体会他在那一刻的感受和需要：

"哦，达林，你看上去很不开心。你是不是需要我理解你，发

生了什么?"

达林的怒火一下子变成了眼泪,他开始跟他的妈妈讲述学校里发生的事,其实那才是让他不开心的根源。

·· **全然接纳的力量** ··

这位母亲最关键的一点是选择了从"评判女儿"转向"接纳女儿",这为她创建了跟女儿联结的机会,并打开了沟通的大门。

我做梦都没想到,我会跟自己14岁的女儿的关系闹到这样的程度,简直痛苦极了。我发现,我们彼此的火气和冲突在过去的一年里越来越大。我在她身上整天看到的都是被我贴了标签的那些行为:粗鲁、自私、懒惰,甚至残忍。她总是拒绝我的请求,如果我坚持要她的帮助,她的表情就好像在说:"你这个笨蛋!"

我发现自己开始避免跟她打交道,甚至有意回避跟她的接触。意识到自己甚至不想跟女儿有肢体接触后,我大吃一惊,也猛然醒悟。一个可怕的念头闪过我的脑海,我问自己——我是不是不爱她了?天哪,这个念头太痛苦了!我知道,一定要有所改变,而且需要改变的很可能不是她。

我发现,我是那么爱她,我最想做的就是要找到某种方式让她知道我对她的爱。我留意到,我的身体对她的行为有很多的反应:我的胃会收缩,我的喉咙会发紧,我的呼吸会变浅。而所有的这些身体反应，在我还没来得及告诉我自己她有多么"无礼"之前就已经出现了。

我决定有意识地放松自己的身体，让紧张的肌肉松弛下来，让身体里所有紧张的部分都得到放松。当我越来越容易地做到这些的时候，对女儿行为的那些下意识的反应就不再能够控制我了，我能够让自己活在一种开放、欣赏和喜爱的感受中。我看到，自己一直期望女儿能够满足我尊重、支持和合作的需要，而女儿则非常需要我对她的全然接纳。我还意识到，期待女儿只能以某种方式去做事其实是一种强求。当女儿越来越多地体会到我对她的接纳时，她的态度也开始温和起来。虽然她还是那样随心所欲地表达自己，但是她的表达中已经有了更多的善意和体贴。

现在，我总是心怀感激。每当女儿走进我的房间，即使她不开心，我也总是先伸出双臂，给她一个拥抱。

··用倾听建立联结··

这个妈妈说，她自己一直都是个"大嗓门"，总是忍不住提高嗓门，用语言"修理、羞辱和责备"她的孩子们。这样的做法让她和孩子们都备感苦恼。她很高兴学到了真实地表达自己的方法，而不需要任何责备，也不必心烦意乱。

我非常感恩有机会学到非暴力沟通方式。我真希望自己能够

Section Ⅲ
家庭活动以及来自"无错区"的故事分享

在孩子出生之前就学过这个,或者是在结婚之前,最好是跟父母住在一起的青少年时期就学习过。刚刚接触到这个可以用来跟我儿子互动的新方法时,我有一个错觉,以为我可以用这个方法来控制他们。这是个非常痛苦的经历,因为孩子们要做各种尝试和选择,而我无法享受这个过程。后来,我渐渐意识到,跟孩子们之间的关系取决于我跟他们每一个当下的联结能力。我开始相信,即使我们有分歧,会对彼此生气,但依然可以重新联结,在那个过程里面学习,并一起走出去。现在,我们之间的联结已经越来越强了,这对我来说才是最重要的。非暴力沟通给了我具体的技能,让我可以建立并深化跟孩子们的这个联结。

下面记录的是我第一次参加非暴力沟通课程的那个晚上回到家里,跟我两个儿子(11岁和15岁)的一段对话。

儿子:你参加了什么课,妈妈?你现在说话好奇怪呀。

我的第一反应本来想说:我想做个好一点儿的妈妈。你们可不可以稍微支持我一下?不过,我没这么说。我选择去关注他们的感受,而不是把他们的评论当成批评。

妈妈:你们是不是很好奇,想知道我在干什么?

他们俩看起来非常感兴趣,所以我接着说。

妈妈:我在学习一种纯粹的沟通方式,它能帮助我表达自己,而不必像我通常那样的发脾气。

他们看起来更有兴趣了。

儿子:你是说,你不再大喊大叫了吗?

妈妈:是的,我在学习一种我想要的说话方式,它让我好好说话而且不会感到沮丧。我不能保证不再大喊大叫了,但是我想,我不会再感觉像以前那么混乱和沮丧了,我也不会像以前那么经常地大喊大叫了。

他们目不转睛地盯着我。

妈妈:我猜你们俩会觉得这主意挺不错的吧,你们希望别人带着尊重跟你们讲话,对吗?

两个孩子热烈地点着头。

妈妈:我非常需要你们的帮助。当我用你们不喜欢的方式跟你们讲话的时候,希望你们能够告诉我。

他们互相看了一眼。

儿子(齐声说):真的吗?

妈妈:哦,是的。因为我也不喜欢跟你们大喊大叫,也许就像你们不喜欢听到我的喊叫一样。

有门儿!我好像开始上路了。这样的对话让我感到我们是一个团队,在一起谈论当我能够好好地跟他们沟通时该有多么好。

妈妈:你们俩觉得咱们今天的谈话怎么样呢?

他们犹豫了一下。我能感觉到他们的小心翼翼,但还算乐观。

儿子:很棒!妈妈。看看以后会怎么样吧。

··转换 vs 妥协··

当这个妈妈跟儿子的需要深深地联结时,她的内心发生了奇妙的转换,她感到放松并充满活力。

一大晚上，我在给十岁的儿子掖被子准备休息。我已经筋疲力尽了。儿子问我，能不能像往常一样待在他的房间里跟他说一会儿话。我的第一个念头是"不行！"，我告诉他，我今天实在太累了，需要早点儿休息。没想到，儿子没有反对。我回到自己的房间准备睡觉了，心里却责备着自己的自私，狠狠地批评自己不是一个好妈妈。我跟自己说，当儿子请求我待上一会儿的时候，我就应该在那里多待一会儿，不应该把自己的需要放到第一位。我一直在用"应该"、"对错"和"责任"的模式在思考。不知道发生了什么，突然之间，我的注意力转向了儿子的需要：他需要温暖、亲密和跟我的联结，我的疲倦感顿时一扫而空，只想跟他待在一起。我于是回到了儿子的房间，他看到我回来了，非常惊讶，也非常高兴。我也很奇怪，不知道为什么自己会突然感到神清气爽，能够全身心地陪伴他。有时候，当我心里牵挂着这个那个的时候，是很难做到全然陪伴的。那个晚上，我觉得我们的谈话是有史以来最好的也是最长的一次。

··看到事情的两面··

这个故事诠释了诚实对于联结的力量。

一天早上，我正在做早饭，用煎锅做薄饼。四岁的儿子皮特从另外一个房间大声地叫我："妈妈！"我回答道："干吗？！"他听到我的声调，立刻从另外一个房间跑进厨房，用他大大的蓝眼睛看着我说:"你怎么这么不耐烦?我只是想问你一个问题。"我说:"你叫我的时候,我在想,做早饭比回答你的问题更重要。你觉得哪个更重要呢?回答你的问题,还是保证我的薄饼不被煎煳?"他说:"好吧,还是好吃的薄饼吧。"

··一起找到解决方案··

令人惊喜和充满创意的方案通常都是家长跟孩子们合作的结果。

我儿子道格拉斯四岁半的时候,喜欢早上5点起床,吃饭玩耍。他会把我弄醒,让我给他做饭,陪他玩。我感到很烦,因为我实在想多睡一会儿。

有一天,当我们都很平静的时候,一起讨论了早上的状况,我们一起做了一个"解决问题"的本子,道格拉斯画画,我来写清单。他在上面画了一张我的画像。画像上的我,脑袋上冒着火星儿。我在旁边写下我们两个人在那个时刻的各自需要。我的需要是睡眠。他的需要是玩、吃饭和温暖。我们一起头脑风暴,想出了一些方法来满足这些需要:(1)他自己在另外的房间里安静地玩火车,我继续睡一会儿。(2)我把牛奶和麦片放到他能够得着的地方,想吃的时候可以自己去拿。我也不知道怎样做能够让他满足温暖的需要,也许另外的两个需要对他更重要。他觉得等我过一会儿起床后,休息好了,感觉更开心了,就能满足他对于温暖感的需要了。

··久违了的轻松时刻··

这个故事让人们看到、关注到那些细小但至关重要的联结有多么重要。

十七岁的儿子是我们的独生子。多少年以来,我和太太用心看护着他,为的就是能够让他传承我们做父母的价值观。可是,他一直在用他自己的方式抗拒我和太太希望他做的或者提供给他的一切。

我们三个人一起来到"非暴力沟通"咨询师的面前。咨询师让我们描述一件最近发生的我们认为儿子在抗拒我们、表现得没有责任感的事例。我就讲了一件让儿子修理家里暖气的事儿。我告诉咨询师,我回到家看到暖气根本就没修,就问儿子为什么。他说,他没找到任何说明书,所以不知道该怎么完成这个任务。我非常沮丧和恼火,对他也很失望,因为他一点儿都没有表现出要去想办法的样子,甚至连一点尝试都没有做。我儿子说,我刚才的叙述就跟我以往在家里一样,听起来就是在"找碴儿"。

就在那一刻,我有了一个突破,感到自己能够对状况给出观察,并能确定自己的感受和需要。我尽量地清理了一下自己的头脑,坐得很端正,重新给出了一个我个人认为没有评判的观察以及我的感受和需要。然后停了下来,一时想不出能给我儿子提出一个什么请求。咨询师提议,我可以简单地问一下我儿子,对我刚才的陈述有什么反馈。于是我照着做了:"你听到我说了什么?"我问他。然而，我儿子居然说，他在那一段我试图没有评判的陈述中听到的依然是责备和找碴儿，天哪！我太灰心了。我摊开双手，说："哇！这也太难了！也许我根本就做不了这个！我已经尽了最大的可能去做所谓的没有评判的沟通，我的儿子还是听到评判和责备。"

咨询师让我问一问我的儿子，是否体会到我有尝试使用"无错"沟通方式的愿望，我问了。令我大感意外的是，儿子确实留意到了我想要改变自己旧习惯的愿望。他说，虽然还是在我的讲话里听到了责备，但他也注意到我刚才对他讲话的方式跟从前大不一样了。他的这个观察把我们俩都逗乐了。突然间，我们感受到了一种久违的轻松和好心情。所以，即使那个时候还没有取得我所希望的成果，但那一刻我们的确有了联结，一种我们之间独有的奇妙的联结。

··爱哭闹的孩子们··

这个妈妈对于孩子们的哭闹有一种新的见解。她的这个见解或许会帮助那些依然被孩子们的这类行为困扰着的家长们。

在我的家里，哭闹一直都是一个很大的问题。在三个孩子分别为4岁、7岁和10岁的时候，我经历了一个观念上的转化。

在我的感觉中，我的这几个孩子一天到晚都在哭闹，简直快把我弄疯了。我一听到他们哭闹的声音，就什么都做不下去了。那时候我参加了一个家长工作坊，明白了一个道理，即"人们所有的行

家庭活动以及来自"无错区"的故事分享

为都是在表达他们的需要"。

从工作坊回到家里以后,第一次遇到女儿的"哭闹"是在她跟我要什么东西的时候。我突然意识到,她这样哭哭啼啼地讲话,是因为她认为我会拒绝她的请求。我意识到,她已经习惯于这么开口要东西,也习惯于我一直的拒绝了。很显然,在我们过往的相处中,每当想要东西的时候,女儿都是非常无助的。

我立刻感到内心涌动着的对女儿的深深的慈悲。我发现自己在养育孩子的过程中一直缺乏对他们自主选择需要的尊重。以前我所看到的哭闹,其实是孩子们在用这种方式引起我的重视,也是在反抗我对他们的自主选择缺乏尊重。当意识到这一切的时候,我才发现,我和孩子们之间的关系是如此的缺乏信任和尊重,我感到后悔莫及,也万分难过。

我跟孩子们交流了我的想法。我告诉他们,我非常想更好地倾听他们,希望能够跟他们建立更多的信任。当我说完的时候,孩子们都定定地看着我,好像看着一个外星人。四岁的女儿又开始了啼哭。然而,这个谈话过去三周以后,孩子们的哭闹行为就大大地减少了,我和孩子们也变得非常享受彼此的陪伴。

··从混乱到安静··

这个例子告诉你,怎样的一念之转,就能让每个人的需要得以满足。

那会儿有朋友住在我们家里,到处都乱糟糟的。作为女主人,我要不停地做饭,要为15个人做早餐,收拾完,再准备午饭。虽然有很多帮手,但是长时间站在厨房做饭的压力还是让人难以承受。吉米才两岁,需要很多的关照。那天,我正在厨房忙活着,吉米过来要我照看。这对我来说真是非常糟糕的时刻。我说:"吉米,现在不行。炉子上还有东西呢。过一会儿吧。"他站在那里,瞪着一双大眼睛看着我,不说一句话。就在那一刻,看着他的眼睛,我的内心有了一个转念,体会到了自己的需要。在那之前,我以为最重要的是保持厨房的井然有序。这一刻,我坐了下来,开始照顾我的儿子。在那转念之间,我们的需要都被满足了。

·· **自愿帮助** ··

这个妈妈对"请求"和"要求"差异的理解改变了家中的一切。

我一直感觉很挫败,也非常生气。我十六岁的儿子这阵子整天待在家里,什么也不做。每次我请他帮助做点儿什么家务,比如吸尘或者倒垃圾什么的,都会很痛苦。他要么对我摆着臭脸说自己有多么忙,要么就做得极不情愿。他的这种样子让我很不满意,所以我也整天抱怨着忙来忙去。

有一天我意识到,让我活得这么悲惨的人是我自己,而不是我的儿子。我认为他"应该"帮助我;"应该"这个词给我带来了麻烦:

如果他没能帮助我,我就感到很生气,而且会气上好几天。我也意识到,当他听到我要求他帮助的时候,第一个反应就是拒绝,或者会带着明显的不情愿去做,这个对我来说比拒绝更可恶。

那天,我决定让我的期望见鬼去,我倒是想看看没有了期望会怎么样。我立刻感到了一种放松。我不再期望,也不再要求,所有的怨气都开始消散了,我的胸口出现了一种轻松的感觉。我知道我还是有些伤心的,因为我不仅希望能够得到儿子的帮助,还渴望享受他的陪伴啊。虽然没有停止想要他的帮助的想法,但是我开始感觉好一些了,就自己做好了。

几天以后的一天,我特别忙,所以我问儿子是否愿意在下午把狗从宠物美容院接回家。他说,他下午已经有安排了。我说:"没关系。我来负责吧。"过了一个小时,他给我电话,说:"妈妈,我能去接狗狗回家。"我说:"这可真是太好了,你帮了大忙了!"

我都记不清有多久了,这是他第一次主动提出帮忙。我知道,这是因为我不再用各种方式要求和惩罚他,不再让他感觉内疚。他想帮助我,是因为他愿意去做,而不是因为我要求他。我能感觉到,从现在起,他会在家里帮我做更多的事,只是因为他想这样做。

··这个不是我想教给他的··

这个家庭为了让儿子刷牙,建立了一套奖罚机制。这位妈妈在育儿工作坊里给出了下面的评论。

我现在看到了我的那个"强制系统"是如何训练我儿子去服从的。我原本想教会他关照自己的健康,但是这个方法不仅没有教会他爱护牙齿,反而制造了很多的争执。

··对未来的希望··

这位爸爸含着眼泪,在非暴力沟通的工作坊里分享了下面的一段话。

今天早上我给几位家长打了电话,想建立一个支持倾诉的方法的家长俱乐部。昨天晚上的经历让我意识到,我能得到的倾听越多,给我儿子的陪伴和支持就会越多。

··处理 vs 共情··

这位家长终于发现了我们一直相信的那个放之四海而皆准的真理:人们渴望被听到的需要高于一切。

一天,我女儿很纠结地抱怨自己糟糕的感觉。我正忙着在厨房的一角做饭,想都没想,就开始给她提出各种建议,帮她处理这些问题。突然间我意识到,她只是需要我的倾听,去体贴她此刻的感受。

意识到"她不需要处理问题,只需要我能够理解她此刻的感受"后,我不再给出建议,来到她的身边坐了下来,用手臂环抱着她,有意识地跟她的感觉做了一个深深的联结。她也深深地回应了我,她的身体在我的怀抱里放松了下来。她非常感谢我能够去体会她此刻的感受,接受她那一刻原本的样子。在相拥而坐的那个时刻,我们感受到了彼此的滋养、支持、尊重和感激。

··我真的想让他听到这些··

这是一位父亲和他的继子加森的一段完整对话。它诠释了"非暴力沟通"的长颈鹿语言所含有的表达、倾听和自我倾听的过程。

爸爸的想法:我在咱家房子前面湿乎乎的草坪上发现了我的工具。它们都开始生锈了。我不知道跟你说了多少次了,这些工具对我很重要。如果你想使用它们,就必须好好保管它们。你应该知道怎么做。我真不敢相信你会这么不负责任。

感觉自己的心跳在加快,脸颊和脖子也开始发热,这位爸爸意识到重提这件事触发了他早上生气的感觉。

他做了几个深呼吸,让自己平静和放松下来。

他发现自己正在使用豺狗的思维:他怎么这么愚蠢!我就知道不能信任他!我再也不能让他用我的任何东西了!于是,这位爸爸选择去联结自己的感受和需要,而不是这些对加森的评判。他知道,如果这会儿跟加森谈话,他一定会大发脾气的。所以,他选择首先倾听自己。

爸爸给自己做了自我倾听:

观察:〔哇!当我看到我在意的东西被扔在那里生着锈,还有可能被除草机压过……〕

这个爸爸有意识地练习没有评判的观察。他知道,评判会把自己的思考导向对加森的不满,也会让批评和责备升级,导致更大的怒气。

感受和需要:〔我感觉恼火,因为我需要他人尊重和爱护我的工具,特别是它们都是我工作中用得着的好帮手。〕

爸爸知道,如果他感觉生气,最好的办法就是赶快跟自己的感受联结。

跟自己的愿望联结:〔我想让加森听到我的这些话。如果他不肯听,我会非常难过。我还想通过这次的意外事件,加强而不是削弱我们之间的联结。〕

爸爸觉得,他现在已经知道该怎么跟加森谈话,并让两个人都保持自我尊重。

爸爸:当看到我的工具被丢在那里都快生锈了,也许还有可能被除草机压过的时候,我感到很生气,因为我需要尊重和爱护我的工具,特别是这些工具都是我在工作中用得着的帮手。我想知道你听到了我在说什么。

加森:你对我很生气,我永远不能再用你的这些工具了。

爸爸:我很高兴刚才跟你确认了一下,因为我正在试着跟你解释我的感受。我想让你知道尊重和爱护我的工具对于我有多么重

Section Ⅲ
家庭活动以及来自"无错区"的故事分享

要,特别是我还要在工作中使用它们。这次你听到我说什么了吗?

加森:你是说我太傻了,因为我没听到你说的话。

加森的情绪开始紧绷起来了。爸爸决定不再表达自己的感受,而是关注一下加森的感受和需要。

爸爸:嗯?你好像因为第一次没听明白我的话感到很沮丧,是吗?

加森:是啊,我没有一件事情能做对。我做什么你都会说三道四的。

爸爸:看起来我以前跟你说过的话让你很难过和失望。你是不是对我们之间的关系感到灰心丧气了?

加森:是的。我不知道我该做什么。我一直试着努力做好,但是你总是想让我完美无瑕。

爸爸:你是不是感到非常挫败?你需要我理解你一直在努力做好一切吗?

加森:会有帮助吧,我已经厌烦了总是嚷嚷。

爸爸:(给自己一个自我体贴)[哇!还真不容易。我根本不认为我跟他嚷嚷过,我真想把话说得清楚一些。听他这么说,我太伤心和难过了。我现在需要更多的理解。呼呼!我真的快要嚷起来了。可是,我想让加森确信,我听到他的话了,所以我要继续倾听,看看他是怎么看待整个事件的。]

爸爸:你是不是在说,你一直在尽最大的努力把事情做好。如果我能够理解你的难处,你就会感到轻松很多?

加森:是的。我跟你在一起总是很紧张,总是担心自己会做错事,就像这会儿。

爸爸：只要跟我在一起，你就会担心自己做错什么，就会紧张，是吗？

加森：（开始坐回到椅子上，放松一些了）是啊。

爸爸：你还有什么想告诉我的呢？

加森：没有了，这会儿没有了。

爸爸：很高兴你能告诉我这些。不知道这会儿我能不能跟你说一说我想说的话？

加森：说吧。

爸爸：首先，我想让你知道，我非常感谢你愿意告诉我你的这些想法。我也想告诉你，你一直以来所付出的努力，对我非常重要。当我发现，我没有清楚地把这种感受告诉过你的时候，我感到非常难过。我不知道你有没有听清我说的话。

加森：你说你感到难过什么的。我没听清其他的。

爸爸：是的。我感到难过，我希望能够更经常地告诉你，你的那些努力给了家里多么大的帮助。这么说更清楚一些了吗？

加森：我想是的。

爸爸：我想知道，你听到我说什么了？

加森：你注意到我对家里的帮助，你很喜欢。

爸爸：是的，我很高兴你能听到这个。谢谢！

加森：没啥。

爸爸：你愿意说一说工具的事吗？

加森：好吧，如果不要花太多的时间的话。

爸爸：谢谢。我非常想让你知道，这些工具对我有多么重要，当我想到它们有可能被糟蹋了的时候我是多么害怕。你能告诉我，你听到我所说的话了吗?

加森:你的工具对你很重要,当你想到它们有可能生锈了的时候感到很害怕。

爸爸:是的,谢谢。我不知道,你这会儿是否愿意帮助我把这些工具清理干净,再谈一谈如何保证以后不再发生类似的事情了。

加森:我想可以。

爸爸:谢谢。非常感激你愿意跟我一起做这件事。

关于作者

苏拉·哈特（Sura Hart）和维多利亚·霍德森（Victoria Kindle Hodson）是《教室里的非暴力沟通》（*The compassionate Classroom*）的合著者，她们把自己45年从事小学教学和家庭教育的经验融进她们的著作中。作为"坎特—哈特沟通"的合作创办人，她们已经在一起共同开发并举办了二十多年的家长教育以及教师教育工作坊了。

苏拉·哈特是一位在国际上颇受瞩目的CNVC（国际非暴力沟通中心）的认证培训师，也是将非暴力沟通融入家庭教育和学校的世界级的领军人物。她曾在Girls Incorporated公司的健康家庭项目（Healthy Family program）中担任执行官，讲授"亲子沟通"。她为全球的学生、家长、老师和学校的管理人员设计并主导了一系列的培训。苏拉还跟高危青少年一起工作，创立和推出了关于领导力、有效沟通以及健康性教育等项目。她也是 CNVC 在全美学校推广 NVC 的联络人。

维多利亚·霍德森是《发现孩子的学习方式》（*Discovery your Child's Learning Style*）的作者之一，从事家庭咨询和开办家庭工作坊超过 25 年。她是美国加州文图拉地区"成功学习研究所"（LearningSuccessTM Institute）的著名演讲师和副执行官，培训老师和家长成为年轻人的学习教练和倡导者。维多利亚拥有教育学学士和心理学硕士（主修儿童发育）的学位。除了在全美提供私人的家庭指导，她还为公立和私立学校的老师、管理人员和特殊教育的老师以及治疗师提供沟通技巧的培训。

苏拉和维多利亚住在南加州，一起在写作项目上合作了二十多年。如果您对她们近期即将为家长、老师和学校的管理人员举办的研讨班感兴趣，请访问 www.K-HCommunication.com。